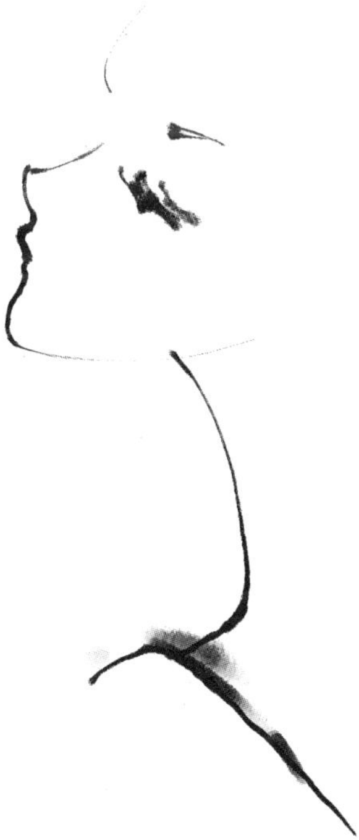

董卿

高级的美，
一定是独立与优雅

江婉余◎著

民主与建设出版社

图书在版编目（CIP）数据

董卿：高级的美，一定是独立与优雅 / 江婉余著. -- 北京：民主与建设出版社，2020.11

ISBN 978-7-5139-2870-0

Ⅰ. ①董… Ⅱ. ①江… Ⅲ. ①董卿—生平事迹 Ⅳ. ①K825.78

中国版本图书馆CIP数据核字(2020)第224741号

董卿：高级的美，一定是独立与优雅

DONGQING GAOJI DE MEI YIDING SHI DULI YU YOUYA

著　　者　江婉余
责任编辑　李保华
封面设计　王玉美
出版发行　民主与建设出版社有限责任公司
电　　话　（010）59417747　59419778
社　　址　北京市海淀区西三环中路10号望海楼E座7层
邮　　编　100142
印　　刷　三河市金泰源印务有限公司
版　　次　2021年3月第1版
印　　次　2021年3月第1次印刷
开　　本　880毫米×1230毫米　1/32
印　　张　7
字　　数　150千字
书　　号　ISBN 978-7-5139-2870-0
定　　价　39.80元

前言

用才情修炼优雅，以从容演绎人生

一个优雅的女子，懂得从容淡定，方能享受人生。

我所遇到最优雅的女人中，一定有董卿的一席之地。她腹有诗书气自华，行走于娱乐圈中，亦风姿翩然、遗世独立；她专业素养极高，既能做主持人，又能担纲制作者；她是一个好主持人，也是一个好妈妈……没有女人天生就优雅动人，要走过多少崎岖小路，才能履于薄冰上也摇曳生姿，要见多少山峦倾颓，才懂得在人人失色时谈吐风流。优雅背后是时间的代价，经历过颠簸，方才走得从容。

我希望，每个姑娘都能像董卿一样，用才情装点魅力，满腹诗书、才华横溢，让内在的美丽溢于外，拥有属于自己独特的美。真正的美绝不是肤浅的，不是千人一面的漂亮外表，而是静如处子、动乃佳人，一言一行、一坐一卧都是优雅，一吐口就是半幅锦绣，一笑就是满室生辉。这样的美人必然内外兼修，仅仅只有好的外貌撑不起这份气质，漂亮的皮囊担不起审视和掂量。

董卿就是这样具有才情的人，所以她娓娓道来时的大方得体、谈话时引经据典的从容、吟诵诗歌时文艺十足的气质，都成为将她奉上“神坛”的利器。这样的女神是值得品味的，岁月也对她们格外温柔，留下的只有更深的智慧、更醇的魅力，带走的则是年少的轻浮、青涩的毛躁。

所以，我常告诉别人：“不知道美人是什么样子，你可以看看董卿。”没错，她不是个顶尖的大美人，不是人群中一下子吸引眼球、艳光四射的女孩儿，而是看起来有些平淡、过于端庄甚至老派。但是仔细看来，她就像是牡丹旁边的百合，也许第一眼不会被人留意，但独具特色，即便你不多注意，那股幽香也会吸引着你。

在她的身上你会发现，气质之美比相貌之美更加重要，这句话并不夸张。在这个浮躁的社会中，当人人都在追捧外表的美丽时，还是会有些真正的美人用自己的行动告诉你——真正让一个人鹤立鸡群、令人过目难忘的，不仅仅是精致的五官、惹眼的身材，还有淡定从容的气质和出口成章的内涵。

不要以为内涵无用，在千篇一律的美貌面前，出众的才情才能体现一个女人的优雅，淡定自如的气质才会让人交口称赞。有才华、有气质的姑娘，从来不会被别人小瞧，反而会赢得所有人的尊重。

活成一个令人尊重、令人敬佩的独立女子，就是最极致的美丽和优雅了。

希望每个女子都能让这份看淡艰辛、轻快而行的优雅，来得更简单一些。你不必亲身经历，从董卿这样的优雅女人一路而来的故事中，也许就能明白这份淡定从容的奥秘。

而现在，就是故事开始的时刻。

目录

第三章　有意义的事，什么时候做都不晚

第四章　你努力工作的样子，真好看

第五章　你有责任，变成更好的人

第一章

沉淀自己，气质是女人最美的灵魂

1. 美貌可以被消费，而气质却能被收藏

作为央视主持人的董卿，自身的气质宛然脱俗，自成一种风采。从她身上，你会发现一个人的气质不仅仅是外在美貌的体现，更多的是内在修养的映射，似董卿这样腹有诗书气自华的女人，即便眉眼平淡如水，也未经历过仪态训练，一样是落落大方、不疾不徐的，自带从容淡定的气质。因为她们有比别人更加丰富而厚重的灵魂，才能在不可照见的未来面前，永远保持最巅峰的状态。

这样的女人气质如同山岳，狂风不可摧，任何突发事件都能一一化解，始终泰然若素；这样的女人气质也如同湖海，包容万物，每一次探测都给人新的惊叹。

记得在一档综艺节目中，节目组请来了近百岁高龄的许渊冲老先生为嘉宾。先生坐在轮椅上，和站着的主持人比起来矮了不少，一般而言，有素养的主持人大约会弯下腰，和先生尽可能地平等交谈，而还有一些没有这种意识的主持者，说不定就要“高高在上”地跟老先生交流了。

面对这样一位值得尊敬的前辈、德高望重的先生，董卿在采访的时候做出了令人意外的选择——

她跪在了老先生身边。

这是一种自然的流露和现场反应，是董卿在意外时刻所做出的下意识选择，却是最体现她真正气质的行为。当你看着董卿双膝跪地，面带微笑地凑在老先生旁边讲解；看着她在跟老先生交流的时候，靠近他的耳边放慢速度；看着她倾听时专注看着对方，甚至将身体压得更低，以保持一种尊重的仰视，你不会觉得她形象尽失，不会看低她一分一毫，反而会由衷地感叹——这才是真正的气质。

她跪在万众瞩目的舞台中央，却无一丝尴尬无措，谈笑风生之间只让人觉得十分舒服，这是一种泰然自若的气质；她在面对年长德高者时，发自内心流露出的尊重，是一种有教养的气质；她在意外情况下，依然保持着得体的微笑、专业主持的职业素养，依然用娓娓道来的温柔语气讲述着每个故事，这是从容不迫的气质；甚至，她跪下的姿态也那么美，挺胸抬头、仪态万方，这也是外在形象所塑造的气质。

这一刻，她的气质之美，已经远远超出了皮相。

年少的时候，董卿常常自卑于平凡，甚至连父母也对她的长相并不报以很高评价。在周围人眼里，在董卿自己眼里，她是万千沙砾中的一个，落入人海里面也毫无波澜。

这样的形容，是否让你觉得意外？至少在多数观众的眼里，董卿是一个标准的、符合国人审美的美人，端庄得体、优雅大方，是男女老幼都爱的那一款，也许不是最美的，但也一定是美的。

在这样截然不同的评价之间，是否有什么误会？我想原因简单极了，就是“气质”让她如此美丽。如果一个人的长相有五分，那么优雅端庄的仪态可以让她变成七分，从骨子中流露出的气质就可以让她有十分。哪怕你相貌普通，美好的气质一样可以让你成为与众不同的存在。

有气质的女人是无惧无畏的，她们不会困扰于自己外貌上某个地方不够完美，也不会担心时间的流逝让颜色消退，她们愿意静下心来打磨气质、充实内心、提升修养，所以哪怕外表平凡，最终也会显露出独一无二的魅力，让你看上去就只有一个“美”字来形容。当你将关注从美貌转移到气质上时，就会发现岁月会成为最好的武器，让你的每一步都走得越来越好，如同醇酒一般，越久越香。

曾经我也担心过岁月流逝、容颜易老，但当我的内心越来越丰富、懂得气质比美貌更重要时，我才发现，美貌不过是附加的消费品，是有保质期的；真正长久的是气质，举手投足间的高贵、言语行止间的修养、深植于心的内涵，才是一个人光辉的本质。

这正是一种可遇而不可求的高级感。空有美貌的廉价，比不上气质所带来的高级感。这样的女人，才是真正优雅的，如同董卿一样，岁月对她们仿佛无比温柔，在时光的雕琢下，她们的美才逐渐显现，并值得悠久回味。

一个女人的气质，大抵可以从几个方面去培养。

有气质的女人懂得经营自己的外表，得体的打扮、大方的仪态，可以让你的形象提升几个量级；有气质的女人内心强大，越是大气自信、内涵无穷的，就越从容自如、优雅迷人，你的积累决定你的底气，底气决定你的气质；有气质的女人修养深厚，如同董卿一般，若你有一份高于人的教养，有一颗善良美好的内心，外在就自带光芒；有气质的女人永远认同自己，她们知道自己在做什么,且每一步都走得斩钉截铁、毫不犹豫,所以才释放感染力。

女人的气质从来不流于表面，而是源于灵魂。

不要过于执着于外表的美貌，真正值得收藏和品味的，是你的气质。一个有气质的女人，内心一定比外表还要美丽，她们知道自己想要什么，知道自己要过怎样的生活，知道一个人的一生怎样才是“美”的，这就是气质。红颜易老，终究是因为她们空有美貌而欠缺智慧与内涵，真正优雅动人、气质卓然的女人，你会忽略她们的外在，而为其魅力所倾倒。

这样的女人，都是幸运的。人生的每一日都是不同的体会，淡看容颜变化，收获优雅与气质，才是活到老、美到老的人生。

2. 好看的皮囊与有趣的灵魂，我都要

好看的皮囊适于远观，真要朝夕相处，还是有趣的灵魂可以延年益寿。能够撑得起这样灵魂的，一定是有内涵的人。

有内涵的董卿，就是一个有趣的女人。很多人往往为她优雅婉约的外表所欺骗，便刻板地认为这是一个传统、庄重、不懂玩笑的女性，事实上庄重有之，但幽默她也是不缺的。很多时候，她恰到好处的幽默不仅给别人解围，更让自己的气质得到升华，还让我们看到了她的另一面——

原来，一个优雅有气质的女人，也是可以这样有趣的。

2006 年，董卿担任《欢乐中国行》栏目的主持人，在云南大理录制节目。这一次录制和以往不同，一个突如其来的意外打断了大家的工作进度，原来董卿受伤了。

穿着高跟鞋的她在录制过程中，不小心从石阶上踩空摔了下来。高高的石阶很容易让人受伤，董卿的腿摔到动不了，身上也有多处擦伤的地方。录制只好因此终止了，董卿被工作人员送到了医院治疗。

她是个好强的人，尤其体现在敬业的工作上。不想因为自己耽误了整个节目组的进度，董卿在医院进行了简单的处理，打着封闭就回到了录制现场。虽然她因为意外影响了节目录制，但她

带伤上阵的精神足以证明这不是一个没有职业精神的人；相反，她是在尽全力用自己的努力去弥补意外，尽力对得起自己主持人的这份工作。

然而摔倒总是一个打断节目节奏的事情，这样的意外也遮掩不住，董卿能如何圆场呢？她开了一个小小的玩笑："我真的是为大理的美景所'倾倒'，倒在了三塔寺下啊！"

这个玩笑不仅幽默地将自己的摔伤讲作为美景"倾倒"，而且还赞美了大理的风土之美，让观众听了也不由得开怀一笑，原本摔倒这件容易引起议论和话题的事，就这样被带过了。

这样幽默救场的事情，有很多次发生在董卿的身上。她曾经主持过一次现场，请来的女嘉宾因为某些原因迟到了，一直没有到场。计划的流程没法进行，场面一时间变得很尴尬，下面赶来的观众也有些不满。董卿只好靠自己的口才和主持能力撑场子，一边要安抚观众，一边还要热场，非常辛苦。

下面的观众起哄让董卿唱歌，董卿担心自己唱不好，先是开玩笑说"主持人是说得比唱得好听"，后来推拒不过，就清唱了一首，然后幽默地感谢了迟到的女嘉宾："得谢谢她，给我一次唱歌的机会。"这样轻松的方式，一下子就赢得了满堂喝彩。

董卿的幽默总看起来像信手拈来，是随意的神来之笔，但在我看来，幽默是一种能力，是一种气质，更是一种积累。没有积累、脑袋空空的人，就像是败絮其内的橘子一样，根本幽默不起来。这样的人，偶尔交流还看不出，相处久了却觉得有些索然无味、寡淡无趣。要做一个有趣的人，就必定要充实自己的内心，只有胸中有丘壑、心中有千言，才会说出珠玑一般的幽默话语。

董卿的幽默就是这种，她不是低俗的逗乐于人，而是恰到好处地用自己轻松、幽默的话让别人懂得，原来一件小事、一个小的失误，也都可以用另一种方式来诠释，从而让大家都变得快乐起来。

这就是有趣的灵魂。拥有这样灵魂的人，最不缺的就是聆听者，因为听他们说话，再无聊的事情也会变得生动鲜活，再灰暗的境遇也能苦中寻乐，再平凡的人生也有无限可能。有趣的人生，是你想不到的快乐。

做一个有趣的人，拥有有趣的灵魂，对于每个人来说都至关重要。若是恰好还有一副好看的皮囊，就更是完美无缺了。即便没有优越的外表，它也足以让一个人的生活变得饱满起来。

如何成为有趣的人呢？在我看来，有趣的人生需要修炼——

修炼善于发现和观察美的眼睛，积极乐观的心，能享受简单快乐的灵魂，与阅读和思考的习惯。

一个有趣的人看世界的方式与别人是不一样的，他们善于观察那些趣味的、美的东西。当你看山是山、看云是云的时候，在他们眼里山却可以是龟背，云可以是飞龙，因为看世界的方式不同，得到的趣味就不一样。

一个有趣的人，心态永远是积极的。总是忧虑担心的人很难轻松地微笑，不仅自己永远被困在苦恼惆怅当中，也无法给身边的人带去快乐。在享受生活之前，我们得先懂得生活的美与好，以积极的态度去度过每一天，才算是有趣。

要做一个有趣的人，需要懂得那些简单的快乐有多么难得。有趣并非等于每天都生活得惊险刺激、永远在追逐新鲜事物，如果你能从简单的小事中获得快乐，那一切都会变得很有趣。

一个习惯阅读、会思考的人，生活会更有趣。阅读让我们的世界变得更广更深，思考让我们发掘出不为人所知的趣味，有远见卓识为基，才能造就趣味横流的生活。

“好看”是有标准的，上帝在创造你我的时候，稍微那么剑走偏锋一点儿，我们就要与好看的皮囊无缘了。但“有趣”是没有标准的，只要你有一个愿意去追寻幽默、乐趣，愿意丰富自己的生活并给别人带去快乐的灵魂，你就可以创造出属于自己的趣味人生。这样的人，哪怕外表平凡，在所有人眼中也是熠熠生辉的。那份能把平淡的生活过出情趣的能力，让你变得与众不同。

成为一个有趣的人，比生得好看更加重要。

3. 台前幕后都好，别甘于平凡

做什么都好，只要不甘平凡。

说起不愿在平凡中沉沦，挣扎着也要燃起一点火光，给灵魂添一点光彩的女人，董卿是一个。

小的时候，董卿就是一个倔强的女孩。她喜欢文艺工作，从儿时起就喜欢唱歌跳舞，积极参加各种演讲比赛。那时候，她的梦想是站在舞台上当一个光芒四射的演员。

毕业于名校的父母对董卿期待甚高，认为她的想法无异于天方夜谭。董卿不顾来自父母的劝阻，毅然决然地考入了浙江艺术学院的表演系。这一年是 1991 年，她才 18 岁。

这个姑娘从一开始，就抱着一颗不甘平凡的心在闯荡。我们有多少人也曾有过别人眼中天真的梦想，为什么有的人实现了，有的人却没有？大多数与梦失之交臂的人，无非都是因为缺乏尝试和坚持的勇气。这个梦，就永远挂在天边，不可能近在眼前了。

是否是潜意识里，你已经承认了自己未来的平凡，所以才不肯在生活面前有一丝挣扎和冒险，而是甘于所谓的“安稳”和“平淡”。然而内心深处，你真的没有过一丝怅惘和不可说的期待吗？

而一个成功者，最大的不同就是愿意以梦为马，踏向不可知的未来。董卿的不甘心，为自己赢来了之后一个又一个机会。

毕业之后，董卿进入浙江话剧团工作，在话剧团的生活虽然也安稳，但却并不忙碌。年轻的从艺者往往没有什么戏可以拍，董卿经常陷入无所事事的茫然中。直到1994年，她考入了浙江电视台，这才踏入了主持界。

这个现在的“央视一姐”，如果没有一次次的尝试和不断改变，也许早就在某个阶段安稳了下来，成为一名话剧团的普通演员、成为地方台某小节目的主持人，过上了相对安稳体面，但也一眼能望到头的生活。那样，就没有现在的董卿了。

这就是她不一样的地方，也是她独一无二的地方——她总是敢于挑战。从演员到主持人，她跨了一个行业，从进入央视历练到回到大学传媒系学习，她学会了沉淀自己、积累技巧与经验，后来，她发展得很好，成了央视知名主持人，又急流勇退，从中流砥柱的“一姐”位置上走下来，毅然选择去了美国，重回校园。她的每一次选择，都显得那么不按部就班，那么不寻常。

这就是一种不甘平凡。她知道自己想要什么，所以生命的每时每刻都不曾浪费，都在向着自己的梦想前进。于是渐渐地，她就变得不平凡了。

2017年，董卿的节目《朗读者》在央视上映，不论是特殊的题材还是动人心弦的故事，抑或是文化底蕴深厚的传播方式，都给这个浮躁的时代带来了一股清流，意料之外地在网络上火爆起来。这一次，很多人都不知道，董卿不仅仅是主持人，还是制作人。

她又一次挑战了自己，尝试从台前走到幕后，去用节目表达自己真正想说的话。以前做主持人的时候，她更多的是替别人讲故事，现在主持自己制作的节目，就变成了讲自己想说的故事。

这是多少主持人一辈子都跨不过去的门槛，是多少人羡慕的华丽转身。但是谈起这一次从台前到幕后的感受，董卿自己却是甘苦自知的。“做制作人比单纯做主持人要辛苦，辛苦程度超出想象。”她说。

一年多的时间，节目筹备的过程都需要她来关注，等到制作的时候更是百般煎熬。她常常在中央电视台的机房待到凌晨三四点钟，白天还要继续自己的工作，得体的妆容也险些掩盖不住她的疲惫。

挑战和改变，在旁人看来是成功的，但真到自己身上，只怕大多数人都要望而却步。当一个更加安稳的道路摆在你面前，而你的名声、财富、地位都已经足够的时候，多少人还愿意去选择挑战、辛苦呢？很少了。

能够始终保持初心、不断攀登的，无不是有“野心”的人，他们不甘平凡，他们有话要说，有梦要做，所以才拼尽全力去折腾。这样的人无不值得敬佩，对他们而言，普世意义上的成功只是早晚，却终会到来。

记住，要活出自己的价值，就一定不要甘于平凡，更不要沉溺于安稳。安稳的生活很舒服，但如同温水煮青蛙一般，会浇灭你所有向上的动力，掐死那些萌生的冲动，让自己变得越来越无趣、越来越习惯于平淡。当你向往安定的时候，就意味着前行将变得缓慢。

更不要甘于平凡，尤其是当你心中有强烈的、想要完成的梦想与愿望的时候。大胆一点，去做吧！别说什么“他们都做不到”，别说什么“他们都劝我不要想那么远”，你自己甘心吗？如果不甘，那就去努力一把！不论这一次结果如何，从漫长的人生来看，你已经有了一次比别人更勇敢的表现，已经从那个“平凡”的束缚中走了出来。

一个有气质的优秀女人，一眼看上去总有一股熟悉感，那就是“倔强”。优秀就源于不妥协的倔强，不愿意向失败和世俗低头，不愿意过别人过的日子、走别人开拓出来的路，所以才在披荆斩棘里走出自己的风采。这样的人一定很快乐，因为她们有更多的能力和机会，从心所欲、向梦而行。

我常听到有些姑娘跟我抱怨生活，抱怨男友、丈夫或者家庭关系、工作环境。其实很多时候，她们面临的并非绝境，而是有很多办法可以解决，只是需要跟过去的生活有所割裂、有些改变。但是，她们太害怕失去现在安稳的生活，所以每次都斩钉截铁地拒绝，下次再来歇斯底里地抱怨或哭诉。

我知道，她们只是想发泄一下，却并没有真正想走出来。既如此，再多的劝告都是无用的。人如果不想先拯救自己，谁也不能拯救你。

不甘平凡，就是一种自我救赎。只有你不甘愿沉沦“安稳”的陷阱，才会看到改变生活的机会。当你甘心了，即便机会摆在眼前，也只会视而不见、擦肩而过。

所以做什么都好，只要记得先告诉自己，不要甘于平凡。

4. 有内涵的女人，从来不炫耀自己

一个真正有内涵的人，往往更懂得谦逊和低调的力量。

董卿就是一个这样的女人，虽然她才情斐然，但从来不刻意炫耀自己。在过去的许多年间，你只知道她是一个出色的主持人，但直到遇到《中国诗词大会》，你才发现她竟懂得那么多古典诗词，站在舞台上面临诸多诗词爱好者，一样没有一丝露怯，反而用信手拈来的诗词，让自己成为这个节目的点睛之笔。

直到遇到《朗读者》，你才知道她那么爱读书，甚至将书视为自己的生命。娓娓道来的一个又一个故事，仿佛随口说出的名家名言，背后都是十几年阅读的积累，是润物细无声的熏陶。这样的底蕴绝不是一朝一夕就可以修成的，但这些原本可以拿来卖弄的东西她从未提起过。

你甚至不知道，是不是董卿还有什么不为人知的才华尚未展现，而在未来又会引起一片惊叹。

这样的董卿，明明可以靠脸和才华，却硬生生要跟别人拼专业技能。正是因为她有足够的内涵和修养，所以才总是看到自己不足的地方，才总是谦逊有礼。懂得越多，方知自己的不足，因为有内涵，所以才不需炫耀和夸赞。

在节目里，几位专家讨论起了李贺的诗，其中最出名的莫过

于一句“天若有情天亦老”。这句诗想必大多数人都听过，但你是否能接上下一句呢？这样绝对临场发挥的时刻，面对可能传播度不那么广的下一句诗词，董卿却能够不假思索地脱口而出：“月如无恨月长圆。”接下来，她似乎又联想到了另一句，补充道“天若有情天亦老，世间原只无情好”。

有足够专业功底的女主持人已是凤毛麟角，在这样充满着文化意蕴的舞台上，能将主持和节目融合得浑然天成的人，更是少之又少。如果不是本身就工于诗词，对传统文化有着足够的了解，恐怕不能如同董卿一样，将每一句话都说得如此恰到好处。

所以董卿又一次红了，和她所主持的节目一起。这实在是非常有趣的一个现象，毕竟在过去的十几年中，“董卿”这个名字已经成为央视女主持人群体中不可或缺的一个符号，她已经家喻户晓，她的形象也已经深入人心。在这种情况下，她还能瞬间引爆公众的讨论度得是展现出了多么与众不同的另一面呀！

这一面就是董卿的才学与底蕴。直到这个节目播出，人们才后知后觉道：“原来董卿竟然是这样一个才女。”

真正有才情和内涵的女人，大抵就是董卿这样的。她们就像一本翻不完的书，如果说生命的每一天都在解读她，那每一天都是新的样子。你得有足够的幸运，才能在一个恰到好处的机会了解到，她的内心世界是多么丰富。

因为她们懂得够多，积累够深，所以反而习惯了悦己而不是悦人，习惯了用知识和才华来哺育自己，而不是炫耀于别人。你看那些懂得一点小道理、学到一点小技能的人，反而是最喜欢向别人夸耀的，这反而是因为他们了解得过于浅薄，未见山之全貌，所以不懂得敬畏与谨慎。

故而，做一个真正有内涵、有气质的女人，就应当如同董卿一般，去爱自己真诚所爱的事，做自己内心想做的人，以充实自己的灵魂为目的，而无意于向别人夸耀。

当你想要做些什么的时候，应该有一个计划和想法，但在真正做到之前不要向别人炫耀。很多人喜欢告诉别人“我要如何如何做，这样如何如何难得”，并因为自己的这个想法，真情实感地感到骄傲，但他们忘了，产生这样的想法很容易，但真正做到的却很难，人们尊重的是做到的人，而不是有这些想法的人。若是早早便向别人夸耀，最终却没能做成，就显得言而无信了。

那样的行为当然不是一个有内涵的人应有的表现。

当你取得了一些成就的时候，可以肯定自己，但不要过分炫耀。我们没有必要过于贬低自己的成就以表达谦虚，肯定自己的付出、承认自己的优秀并不是一件丢人的事情。但这种应有的肯定不等于向别人炫耀，如果你辛苦获得的成就，只成为自己炫耀的工具，既对别人不友好，也拉低了你的格调和内涵，更糟蹋了你的付出。

而且，当前的成就永远都不是重点，未来的每一天你都将比现在更加优秀，每一天都更值得你骄傲自豪。明白这些的人永远都不会喜欢炫耀自己，因为每时每刻的自己都在变得更好，那些过去又有什么值得炫耀的？喜欢炫耀的人，往往是因为未来寸步难行，所以才躺在过去的辉煌上不肯清醒。

既然如此，何必去做一个炫耀者，平白惹人笑话呢？真正有内涵的人不会炫耀，也不会附和别人的炫耀，他们不需靠别人的夸赞，就已经清醒地知道自己有多好了。

5. 优雅源于尊重，爱人才会自爱

爱总是会让人想要付出，想让人不自觉地将自己放低到尘埃里，再从中开出一朵花来。

然而于我而言，真正的爱是决计不可能让自己狼狈不堪的，更不可能以爱为名去伤害别人。真正的爱温柔如水，不单单是对自己的温柔，更是对别人的温柔。一个懂得爱的人，首先懂得用正确的方式去爱别人，进而又懂得爱自己。

董卿就是一个懂爱的女人。这样的女人一定可以活得很好，因为当你看到她如何以最极致的善意对待别人，就知道她一定也是懂得自爱的。

在《诗词大会》这一档节目中，有一位选手的父亲是一位盲人。若是在旁的节目，有这样特殊的背景，主持人一定会大肆煽情，贩卖凄惨，不逼选手或观众掉两滴泪水，是绝不肯罢休的。

但董卿却不同。她懂得尊重盲人的尊严，更愿意关注他们与平常人一样对于生命和美好的渴求。她深情地念了这样一句诗：

“上帝给了我浩瀚的书海和一双看不见的眼睛，即便如此，我依然暗自设想，天堂就是图书馆的模样。”

和以往一样，当我听到这句诗的时候，内心深受触动。不仅仅是被董卿广泛的涉猎和渊博的学识所打动，更被她话语中所蕴藏的温柔所震撼。即便是盲人又如何？肢体的缺陷无法阻碍我们追求精彩的人生，看不见不过是一个小小的遗憾，而不能成为一个人的标签。她没有渲染痛苦，没有戳别人的痛处，而是以知音的模样出现，告诉他们——虽然你看不见，但你对于知识和美好的渴求，我看到了，也体会到了。

这样温柔的肯定，必然是怀着极大的善意和对对方的尊重才能做出来的。

由此可见，董卿真的是一个很懂得如何去爱人、如何给予这个世界温柔的女人。她那一份优雅从容，也正是来源于此。行走于世间的过程中，我们总会收获来自世界的种种情绪，也许是恶意，也许是善意。也许这个世界会让你失望，让你忍不住想对它恶语相向，但千万不要让自己变成这样的模样。

因为当你用这样一副面孔来对待自己的人生时，真的不漂亮。

优雅与从容来源于那一份永不磨灭的善意，正因为如董卿这样的女人，能够始终以善意对待他人，所以才能收获来自别人的尊重。这是因为她们选择将爱心给予别人。所以才能收获爱，并在这个过程中学会自爱。一个不懂得爱人的人，往往也不懂得真正的自爱，往往也很难过上美好的生活。

有时候，你优雅从容的模样，正是因为你对一切都保有恰到好处的尊重。你之所以能够学会爱自己，正是因为你愿意将爱赋予别人。

有些时候，当我们想要传达爱人之心时，也应该选择一种恰到好处的方式。爱的方式有时比这份情感更加重要，一个正确的方式可以让你的温暖源源不断地传达给对方，而错误的方式却常常弄巧成拙，甚至伤害别人的感情和善意。

这就是一种不会爱的表现。

这样的例子数不胜数。传统的中国家庭中，有多少父母，因为不懂得如何表述自己的爱，而与子女渐行渐远？竞争激烈的职场上，有多少人是因为说话不恰当，不懂得表达自己的善意，被别人怒目以视、冷淡相待？你对别人的善意、尊重和爱护，应该让他们知道，才不会成为遗憾。

这点董卿就做得格外好，她真的是一个能够在传达善意的过程中，展现优雅亲切气质的女人。

在她主持的节目当中，有一位选手因为发挥失常，惜败于对手，最终不得不提前离场。看着这个同样富有才华的选手即将告别这个舞台，董卿心里不是不遗憾的，而她对这个选手也报以非常大的期待，希望他日后能够表现得更好。

于是董卿这样说："双鬓多年作雪，寸心至死如丹。"

这是陆游的一句诗，饱含着董卿对于选手深深的鼓励和期待。对于一项值得坚持的事情，即便是多年之后两鬓斑白，也应守住一颗丹心如故。懂得的人听到这句诗，自然懂得，这就是一种言已尽而意无穷，一切尽在不言中的交流了。

对于选手来说，董卿能够以这种方式来回复自己，就是一种寻觅到知音的感觉。而这样的回复之中，隐含着积极向上的期许，即便是因为失败而产生忧愁和挫败感，相信他在听到这话之后也会变得重新自信、坚定起来。

这是一种多么恰到好处的鼓励和善意啊！可我们中的很多人恰恰就是因为说话的时候把握不好分寸，所以才会因为误解和自己珍惜的人渐行渐远。

我曾经见过恩爱的情侣因为突如其来的一些小矛盾而吵架，哪怕彼此是深爱着对方的，在愤怒之下也会口不择言地说出一些伤人的话，最终遗憾地分道扬镳，与一段珍惜的感情说了再见；我也见过有着拳拳之心的父母，因为过分的期待而对自己的孩子产生苛求，明明对孩子取得的成果足够满意，却还是连一句鼓励的话都不愿意说出口，最终打消了孩子的积极性和上进心……

扪心自问，在你爱的人需要你去关怀、鼓励和温言以对的时候，你是否又给过他们无条件的支持、轻声细语的抚慰和耐心的倾听呢？有些时候，你不是不关心他们，也不是不爱他们，却因为说错了话而伤害了他们。

不是有人曾经这样说："当你的女朋友对你说'你走吧'的时候，其实她想说的是'别离开我'。"

那些表面的凶狠，其实隐藏的是内心的脆弱和爱，但这样的爱为什么不能好好说出口呢？我们为什么不能以合适的方式，让珍惜的那些人明白"我爱你们"呢？

学会去表达爱和善意是多么重要呀！当你总是别扭地不肯说出爱，抑或是通过不恰当的方式去表达自己的关怀时，说明你不仅不会爱别人，往往也不会温柔地对待自己。这条路是相通的，只有学会正确地爱人，才能够自爱自强，一个人也活得很漂亮。

希望每个女孩都能像董卿一样，从容地将那些善意的话传达给你爱的人，也将这份温暖留给自己。

6. 从《中国诗词大会》看董卿：腹有诗书气自华

很久之前，我就觉得董卿格外优雅、气质绝佳。不过那时候，我以为这是央视女主持人的共同点，只要你走进了央视大楼，就像走进了一条生产主持人的流水线，再次站到全国观众面前的时候，就都是端庄优雅的模样了。

然而真正了解之后我才知道，看似一致的气质，其实也有着细微的差别，每一种优雅背后都是一段不同的人生境遇和旅程，董卿之所以能够成为现在的“董卿”而不是别人，也必然有她独一无二的地方。

她的气质不仅仅源于走入岗位之后的训练，更是一种内涵与底蕴的展现。什么叫作“腹有诗书气自华”，董卿就是一个绝佳的例子。

从《中国诗词大会》这个舞台，我看到了一个不一样的董卿。她不再仅仅是一个主持人，而是一个诗人、文人、哲人，她用信手拈来的诗词串联起了整个节目，用情之所至的话语感动了在场所有人。在你认为她已经展现出了自己最极致的才华时，她又用下一秒的精彩表现让你惊讶期待，发现一个新的她。

担纲制片人仿佛是董卿放飞自我的开始，她抛下了过去的一切重新上路，随时准备承受来自观众的审视和可能的失败。但没想到就是这样破釜沉舟的尝试，反而让更多的人认识到了这个女人的多面性，用实力演绎了什么叫作内涵和优雅。

我深深记得，在节目里来了一对特殊的父女。这一家人都是诗词的爱好者，他们用自己的方式创作了一首歌曲，将喜爱的诗歌化用在了里面。这首歌不仅仅是诗歌文化的体现，更是饱含着父女感情的对唱，时光交错之间，父亲的身上仿佛带着女儿长大后的模样，女儿的身上，依稀能看到父亲曾经的影子。

在场的所有人都被这种亲情和文化的传递所感动了，而董卿就在这一刻，即兴又恰到好处地吟诵了一首诗：

“当时的我是何等的温柔，我把花瓣撒在你的发间。”

“当你离开，我的心不会变凉，想起你，就如同读到最心爱的文字，那般欢畅。”

这是诗人叶赛宁的一首诗，此刻用于形容父女之间深刻的感情是多么的合适！而同样看到这一幕的你我，是否只能眼含着泪水却不懂如何形容心中的感动，只好说出一句“真好”呢？

每当这一刻，我就会因为自己匮乏的词句而感到深深的无力与遗憾，遗憾于自己不能将此刻的感情以最深入人心的方式传递出去，遗憾于自己有万般情绪，却不知如何诉说。

而董卿仿佛知我所想，将我想说的话说了出来。这绝不是一种偶然的巧合，而是几十年间知识的积累，最终在这个合适的时机流露出一丝。若你不是真的满腹诗书，很难每一次都将话说的这么精彩、这么打动人心。所以董卿这种优雅、聪慧、亲切却又不可及的气质，一定是建立在才学之上的。

她说过：“假如我几天不读书，我会感觉像一个人几天都不洗澡那样难受。”哪怕再忙再累，她也总会将每天的一个小时用在读书上。

大多数人的气质往往是天生的，很难通过各种方式来改变。你可以用舞蹈来改变自己的形体，但张口便能暴露你的内涵和修养。所以，唯有读书可以真正从本质上改变你的气质。

所以，对于那些苦恼于自己张口并缺乏气质、总是显得不够“高级”的姑娘，我只有一个唯一的建议，就是“去读书”。书中未必有黄金屋，但一定能寻到颜如玉。当你真正读进去的时候，便能在书中寻到智慧，找到解决烦忧的方法，明白用一种合适的方式去看待自己的人生，此时的你就是曾经向往的“颜如玉”了。

长相不美的人，常常因为读书而有了气质和内涵，而不读书的人，即便长得好看也缺乏那种优雅的气质。腹有诗书气自华，这话真的不是玩笑。

我曾经见过一个姑娘，长得极其符合现在普遍意义上的“美”，天生的瓜子脸上一双水灵灵的大眼睛格外引人注意，琼鼻小嘴，怎么看都精致极了。然而这姑娘言行之间总带着一股难以忽视的粗鲁，张口便带脏字，不是在八卦家长里短，就是在炫耀自己的生活或羡慕有钱人的日子。

种种庸俗的言论，仿佛给她美丽的外表蒙上了一层阴霾，让人下意识地开始忽视那些表面的美丽。这样的女人就像插在瓶子里的塑料牡丹，乍看上去鲜艳夺目，四季不败，却经不起哪怕一秒的仔细品味。

腹有诗书的女人，就像是含苞于枝头的梅花，也许这花朵不够富丽堂皇、不曾夺人眼球，但只要你驻足在这附近就能闻到一股幽香，哪怕一开始未曾注意，最终也会看到她的美，且越品味越爱。

要培养令人琢磨不透的优雅气质，没有任何捷径可走，必须要足够的阅历和智慧才能支撑，而这些都可以在书中寻到。

读书可以增长你的智慧，让你懂得思考并在书中找到答案。书可以解答这世界上一切的困惑，当你感到彷徨、忧伤、迷惑时，就从书中寻求结果吧！

读书也可以弥补阅历的不足。读一本书，其实就是旁观着别人走过了他的一生，而你可以用读一本书的时间，去做关于一个人一生的思考，这是多么难得的机会！对无知的人而言，就算他走过了百年，往往也只是虚度，对懂得阅读和思考的人来说，士别不过三日，亦可脱胎换骨。

去读书吧，去做一个腹有诗书而气自华的人。在书中寻一颗玲珑剔透的丹心、一身坚韧不拔的傲骨和一种高贵清雅的气质，这就是一个优雅女人最好的模样了。

第二章

做自己生命的朗读者

1. 要真的“活过”，而不仅是“活着”

有多少人的一生，仅仅只是活着，而不是活过?

一个人如果活过，即便离开人世也不遗憾，因为他已经为这个世界留下过什么。而活着往往就是挣扎求生而已，为了满足最低层的欲望而前行，莫说不知理想的未来在何处，只怕连理想都失去了。

对于人生，我有一个最基本的愿望，就是要“活过”，而不仅是“活着”。

董卿就是一个不甘于只是活着的人。如果没有一股乐于折腾、永远警醒自己向着目标前行的心，我们也许就看不到这个家喻户晓的女主持了，更不会了解她是一个多么有趣的人。

1996 年，董卿来到了东方电视台，来到了繁华的上海。在这个陌生的城市里，董卿怀抱着期待，也感到了失落，她发现自己在东方电视台的生活，并不如所想象得那么丰富多彩，因为自己不过是一个新人，在电视台中无足轻重，所以不仅没有人重视，也没有节目可以主持、没有有意义的事情可做。

这段等待的时间格外煎熬，而在等待之中，她对舞台的向往从未消失，反而因为得不到而更加期盼。

这年年底，董卿第一次和中央电视台有了接触。央视的春节晚会在上海有了分会场，董卿也有了自己负责的工作。平时她都没有露脸的机会，这样重要的时刻，自然也轮不到她上场，作为负责幕后工作跑前跑后的一员，她成了离这个舞台最近又最远的那个人。

看着台上璀璨的灯光，而自己却要站在灯光映照下最昏暗的阴影处，董卿感到很不甘心。对很多人而言，有一份在电视台的稳定工作已经很好了，熬熬资历，未来也不是不可期待。但对董卿而言，这样的日子不过就是活着而已，跟其他千百种活着的方式没有什么不同。要珍惜生命的每一天，就要让这种活着变成有意义的，让自己在回首过去的时候，能毫不后悔地说“活过”。

平凡稳定的生活不属于她，她要的是属于自己的璀璨人生。所以董卿干脆趁坐冷板凳的时候，考了上海戏剧学院的电视编导，重回校园之中充实自己。三年后，她顺利毕业了，对这个行业有了更深的认识，也有了更好的资本去争取机会。

1999 年，董卿接到了来自上海卫视的橄榄枝，面对着这个更大的舞台，她毅然决然地跳槽了。其实当时她在东方卫视已经小有名气，但显然她是不满足于这个现状的。

对有些人而言，董卿的这种行为似乎太过于折腾了，谁知道挑战背后是不是打击和失败呢？事实上也的确如此，到了上海卫视之后的董卿才发现，这里的节目并没有想象当中做得那么好，豪言壮语要成立面向全国的新频道，实则收视率非常低迷，根本毫无发展空间。

这个选择似乎是错的。我想这时候的董卿一定面临过别人的不解，甚至嘲讽，破釜沉舟的选择，最终却面临着一个不上不下的结果，不仅没有在更大的舞台上有理想的发展，反而连过去曾经拥有的成就都失去了。

如果是一般人，大概就认命了、放弃了，找一个好的职位养老，过上安稳日子也就是了。在电视台的工作虽然没什么发展，却胜在清闲，每天就是上班点卯下班打卡的日子，多少人求都求不来呢！

但是董卿却没有觉得空闲是一件好事。大概觉得浪费的每一分钟都是在浪费自己的生命，她干脆利用自己闲着的时机，再一次选择了回到学校中深造。这一次，董卿报考了华东师范的古典中文专业，在这里取得了自己的研究生学位。

日后的董卿，这是凭借自己在古典文学上深厚的修养，才打造出了《中国诗词大会》这样一档现象级节目，让文化符号和董卿之名再一次在全国引起了热潮。

你看，你走过的每一步路都不是白走，你付出的每一份汗水都不会白流。也许在当前，你看不到什么成果、得不到什么回报，但只要沉下心来，保证每一段时光都用在有意义的事上，你就能在未来的某一刻收获惊喜。

如果你只看重眼前利益，永远去追求最实际但自己不那么喜欢、没什么意义的东西，虽然此刻你的欲望得到了满足，但耗费的每一分钟都不会让你觉得很快乐，而你的一生就将这样度过了。

所以为何不去做自己喜欢的事、去追求内心真正所想的呢？我们都只有一生可活，长短也许不由得我们自己选择，但度过的方式却是自己可以决断的。去做自己想做的事情，不怕挑战和困难，不怕别人的嘲笑和阻力，你终究能够得到回馈和赐予，这就是“活过”的样子。

要让每一天都变得有意义，你得先明白自己真正想要的是什么。浑浑噩噩才是我们盲目“活着”的罪魁祸首，不知道自己在做什么，也不知道自己想要什么，只是为了明天的温饱和存折里的存款而奋斗，这样的人生再辛苦努力也没有什么意义，不过是一具还能喘气的躯壳罢了。

如何度过自己的人生，应该是经过思考之后的选择。别怕花时间，去想一想你真正想要什么，并且用一生去回答这个问题，这才是能创造价值的人生。

要让自己真正“活过”，就得知行合一。太多人的认识总是高于行动，想象中自己行走在奔赴理想的道路上，然而实际不过在原地踏步甚至是倒退。我们往往就这样度过了一年又一年，回首过去的时候才发现，长进的只有年龄和更加熟练的口号，真正的行动却还是几近于无。

这样的日子是你真正想要的吗？想和做并不是一回事，别让理想的生活只存在于自己的畅想之中，这是你活着应该做的第一件事。

现如今优雅端庄的董卿，在该奋斗的年纪里也不是与世无争的。她有一股爱折腾的劲头，从不满于现状，而是在人生的道路上不断前行，创造新的价值。即便是到今天，她也在不断尝试新的角色，从一个主持人变身成为制片人，不断在新的领域中摸索。

这样她所度过的每一天就都是新的一天了。

你是否也想过这样的日子？那就别再甘心只是“活着”了，生活本可以更加精彩，单看你如何选择。

2.《朗读者》告诉你我，感恩每一次遇见

当我第一次看到《朗读者》的时候，就被董卿所带来的这个节目惊艳了。

这个节目的基调非常简单，在这个讲究爆点、娱乐至上的媒体时代，它不具备一切火起来的因素。不过是找几个人讲一段故事、朗读几篇文章，一个最普通不过的谈话类节目罢了。

但简简单单的《朗读者》就这么火了。究其原因，大概是它能总说到我们心里去吧！

它的第一期主题，是“遇见”。

董卿说：《朗读者》遇见主题序语——“世间的一切都是遇见。”生命之所以有着非同寻常的意义，就是因为人与人之间总在遇见，这些无法预料的遇见让每个人的生命都走出不一样的轨迹，让我们有了不一样的境遇。也许就那么一刻，你会因为眼前所遇到的那个人，改变了一生命运。

所以我们应当感激并珍惜每一次“遇见”。如果在这之前你还没有意识到，那么董卿已告诉你了。

在“遇见”在这个节目单元中，董卿和很多嘉宾对话，完美诠释了“遇见”二字于我们人生的意义。如果不是因为遇见了那名医生，年少时曾经残疾的濮存昕可能一生都找不到站起来的机

会，他会是一个郁郁寡欢的青年吗？也许吧，但他一定不会是我们镜头前认识的那个风度翩翩的濮存昕了。

你也遇见过这样的人吗？他可能在有意无意间改变了你的命运，在你尚未意识到的时候就伸出手拉住了你，改变了你的人生轨迹。他可能是一个陌生人，但却是你一生都难以忘怀的人。

如果不是因为有了和父母或子女的遇见，也许我们永远都不会知道自己还会是这样的女儿和母亲。血脉传承是一种冥冥之中的力量，我们会因为和父母的遇见而长成现在的模样，又以现在的样子去影响子女的未来。

就像柳传志在儿子的婚礼上，送给了他一句自己父亲曾经说过的话："只要你是一个正直的人，不管你做什么，都是我的好孩子。"我们总在不知不觉间受到来自和亲人"遇见"的影响，然后变成他们曾经的样子。

这样的遇见，一次就是一生。虽然父母与子女的缘分就是一场送别，你追也追不上时光，但正是因为如此，我们才要感恩那些遇见的日子，珍惜每一秒在亲人身边的时间。

如果没有董卿的这份细腻心思，我可能还从未意识到，遇见对于我的一生有多么的重要。这两个字看起来轻飘飘的，却囊括了无数形式的人生。

不管你想怎样度过自己的未来，终归都只是一场场遇见罢了。

我想，董卿选择在自己的节目中以"遇见"开始，必然是源于自身感触。回看她的半生履历，你会发现远不如想象当中的那么平稳安定。大多数央视知名主持人都出身名校，一入行便在CCTV 打拼，最多不过是从一个节目搬迁到另一个节目。然而董卿则不同，初入行时，她便三次跳槽，从一个电视台进入另一个电视台，经历过高潮，也经历过低谷，最终才走入央视之中。

每一次环境的变化，都是人生当中不可或缺的一次遇见。一次变化当中认识的人，都将成为我们人生旅途当中的同路者。感恩这些遇见的机会，感恩这些曾与我们同行的人，你才懂得了人生。

董卿懂了，所以才会将“遇见”作为第一个想跟观众倾诉的话题。哪怕董卿在这些遇见当中，得到过机会也接受过教训，有过幸运的时刻，也有错过的遗憾，并非每一次遇见都能带来好的结果，但就是这些瞬间成就了她过去的日子，并让她成为一个这样的人。若是否定了这些经历，忽略了这些过去，不就是将自己过去的人生丢进了垃圾桶吗？

我们的一生只有一次，是比钻石还要珍贵的东西，怎么能这样敷衍对待？所以，我们才要懂得“遇见”，感恩“遇见”。

感恩遇见，是感恩那些最终与我们相知的朋友、相携的亲人。茫茫人海之中，怎么就只有我们之间有这样紧密的联系？这样妙不可言的缘分，还不值得你去感恩和珍惜吗？正是因为有了他们，我们生活中绝大多数的日子才变得有了色彩。

感恩遇见，也是感恩那些人群中与我们擦肩而过却印象深刻的陌生人。他们可能是那些帮助过你或者你帮助过的人，是曾经让你感动过的人，是与你毫无关系却影响了你的人。我们之间本无联系，甚至隔着时空的阻碍，却因为某些原因而最终遇见，何其有幸。

金风玉露一相逢，便胜却人间无数。

与合适的人遇见，就如同百花遇春风，馥郁芳香不尽，就如同孤烟遇斜阳，一刻便是永恒。一段故事的开始，始于遇见，而终于告别，我们的生命之所以拥有无限可能，并因此魅力无穷，不正是因为那些不期而遇的人和事吗？

珍惜和感恩这些遇见，用心去对待和他们相处的每一秒，以善意和笑脸送给那些愿意善待我们的陌生人，牢记和感念曾获得的帮助，也记住心动过的每个瞬间……这样的人生才是鲜活的，回忆才是生动的。

只有懂了遇见的难得，才会珍惜当下的每一日。

3. 享受孤独，才懂成熟

自来曲高而和寡，故遗世独立者，必然孤独。

人是一种社会动物，难以避免地会抗拒孤独。然而当我们一路走来，回首过往时，会发现灯火阑珊、人声鼎沸之处难见自己的身影，大多数人都是游离在孤独和热闹之间的。

学会孤独，仿佛是一个人迈向成熟的过程中必然要懂得的概念。

这样看来，现在的董卿似乎是越走越孤独了，她所走的那条道路，同行者越来越少。

有时候，孤独也不是那么难以忍耐，也不是那么一无可取。某些孤独，往往是因为你站得更高了，所以身边的人才变少了。流行的未必是最好的，众人交口称赞的也不一定就是最有价值的，当你懂得了孤独，也许正是学会了坚守自己的内心，抑或是身上肩负了别人没有的责任，所以才走上了不一样的方向。

董卿就是如此。曾经她和平凡的你我并没有什么差别，既没有出众的容貌也没有显赫的出身，成绩也只是平平。然而她从来不甘心于命运的安排，在别人羡慕的安稳中，也要挣扎出一条自己的路来，所以才能成为央视知名的女主持人。

不过即便她成为我们所知的“央视一姐”，也不过是到达了主持人这个行业的最顶端罢了。她也还没有突破行业的限制，身边也还有许多可以竞争的同行。虽然她并未泯于众人之中，但也没有那么鹤立鸡群。

而再往前走，她就变得渐渐孤独起来。她急流勇退选择去深造，回归之后，又开始尝试担纲制作人；她逆着市场的风向，想要不沾染娱乐地做综艺节目；她在其他节目都放低身段、追求大众审美认同的时候，偏偏搞出一档又一档考验底蕴的文化节目……

她渐渐从一个市场的追随者变成了探索者，做了太多太多前人未做过的事情。每做一次这样的尝试，都是一次前所未有的挑战，因为前方没有领路者，回首处也没有后来人。

高山流水，知音难觅。这样的孤独，常常在一个又一个深夜萦绕在董卿心头。

在某一期《朗读者》的录制现场，董卿开了一个玩笑，又仿佛不经意间说出了自己的心声。她对观众说：

“真羡慕你们，只需要拍手鼓掌就好了。”

做一个观众多好呀，坐在台下几百人之中，只要你想，天塌下来都有高个子顶着。人们都愿意寻求群体的认同，当身边有个人和自己一样时，就往往会觉得更加心安。做一档节目的千百观众之一，你绝不会感到什么紧张感，因为你身上既没有责任，又不是独自一人。

但站在台上的董卿却是孤单的。她身上不仅肩负着把这个节目做好的责任，更承担着舞台的聚光灯对于一个主持人的考验。此刻的光鲜亮丽是彼时的奋斗与汗水，为了这一场独行，她付出了无数的白天深夜，只为台上呈现出最好的效果。

为什么要选择这样一条孤独的路呢？明明别的选择更加热闹，也更加简单。然而有些时候，命运就是这样矛盾，我们想要做出一番成就的时候，就势必要面临着一个孤独的未来。

要做那一株秀于林的树木，你就必然要承担与众不同的风险，就一定要独自去面对狂风骤雨。

所以呀，学会了享受孤独，我们方才懂得了真正的成熟。

你应当明白，即便你越走越远，发现一个人的场景越来越多，也不应当恐惧孤独。独自前行并不等于被世界遗弃，你还有许多支持和爱护你的人，只不过有些问题需要自己处理、有些未来需要独自经营。一个人的生活不等于不热闹，我们完全可以学会一个人热闹地活着，将孤独演绎成一种独自的精彩。

千万不要因为孤独而敷衍自己的生活。当我们感到孤独的时候，常常就无法自控，进而导致生活失序。举个简单的例子，当你的身边有人陪伴时，会更加乐于享受生活的美好，你会愿意按时吃饭，和对方一起去逛街，愿意鼓捣些需要花精力的小玩意儿，当然，前提是对方一定可以陪伴着你。

这个人可以是你的父母，可以是你的爱人，也可以是你的朋友。但有一样不变的是，你愿意跟他分享你的生活，并因为他的参与，而更加重视自己的生活。

而一旦一个人，我们往往就会失去这种秩序感，甚至连吃饭睡觉都变得应付了。

然而这是对我们人生的一种不负责任，你要明白，不论是父母，朋友还是爱人，他们也许会陪伴我们走过一段或长或短的时间，但最终也都会离我们而去。能陪你走过这一生的，永远都只有你自己，所以繁华终有尽，热闹只是一时的，孤独却永远存在。

如果不懂得在独自一人的时候安排自己的时间，就不懂得如何生活。

当你学会享受孤独的时候，你才真正懂得了独立，才真正成熟了。年少的时候，我们总是追求独立，却不知道独立的一个表现，其实就是一个人也能好好活着。当你学会享受一个人的日子，你就会发现，原来自己也拥有一颗坚强的心脏，也拥有一个永不服输的灵魂，愿意将平凡的生活都折腾出花来，能够用自己的方式找到生活节奏。

当你真正能够享受一个人的热闹，明白人生不是活给别人看的，而是要自己来体会，能够在孤独当中积极向前，并且乐于享受这种有些压力的独行，不敷衍也不颓废，你就真正成为一个成熟的人了。

那个时候，一个人的孤独也可以成为一种享受。

4. 勇敢去选择，把握自己的人生

《朗读者》这个节目，不仅是读到了我们的内心，也解读了董卿对于人生的体悟。

这是一个她参与制作的节目。如果说成为一个主持人，是将别人的思想传递出来，那么自己制作的节目里一定蕴藏着自己想说的话。在《朗读者》中，我看到了董卿想倾诉的东西。

它的第三期主题，是“选择”。

我们每个人都需面临选择，就如同董卿在这一期节目伊始所说：“选择无处不在。”

掌握了选择权，才算掌握了一个独立的人生、触摸到了自由的边界。一个人若是一生都随波逐流、人云亦云，抑或是只懂得听从别人的话，那他就不算拥有独立的人格。而我们如何成就自己的人生，也都源于一个个选择。

董卿之所以谈起“选择”，大概是因为她也懂得其中的意义。

这是个外表温润如水、内里倔强如松的女人，从她年少时经历，你就能了解她是个多么有“主意”的人。

1985 年，董卿因为父母的工作调动问题来到了浙江嘉兴，在嘉兴一中上学。中学时的董卿逐渐发现了自己在文艺上的天赋和才华，她也很喜欢这些，甚至在心中悄悄种下了“想当演员”的种子。

可是董卿的父亲却是个传统的“严父”，对女儿的管教相当严格。为了让董卿专心读书，父亲不仅不鼓励她打扮，而且给董卿定下了严苛的日程表——每天按时长跑数千米，每天坚持读书、背诗词，在家里就要承担家务等。

这样的教育并非无用，董卿从小就有好学的心态和自律能力，现在的优秀必然也跟父亲的严格有关。但董卿也不是一味听话，至少在文艺工作上，她瞒着、反抗着父母，始终在做自己的选择。

中学时她就参加各种课外活动，乐于在文艺活动上展示自己。这些事难免会占用业余时间，她就对父亲撒谎说自己在学校补课。

这跟我们小时候为了出去玩跟父母撒谎，又有什么不同呢？我实在没想过，董卿竟然也是一个乐于糊弄“权威”的人，竟然不怕父亲的严厉。

可见，那时候她就已经有了自己的想法，并且有勇气去因此跟父母周旋，以维护自己的选择。她从不是一个按照父母的标准和希冀去成长的乖乖女，而是懂得有所听有所不听，通过自己的选择来决定未来。

所以高考的时候，董卿毅然决然地考入了表演专业，以圆自己在文艺工作上的梦想。这个决定当然引起了父母的反对，他们对女儿的未来希冀，大概就是如同自己一样考入名校，毕业后做研究工作，当一个受人尊重的学者。

面对父母的权威和自己的梦想，董卿毫不动摇，还是坚持了自己的选择。如果不是因为有了她的这份坚持，后来她就很难走入主持圈子，我们也就见不到这个荧屏里最优雅、知性和有内涵的女人了。

任何一个当前的微小选择，都会决定你在将来走哪一条道路。

你能如同董卿一样学会自己选择吗？许多人在面临决定未来的重要选择时，往往就紧张了、畏缩了，因为承担不起失败的责任，所以干脆将选择权交给了别人。

高考的时候，他们听父母、老师的话，选择了不了解的专业，潜意识里却想着“反正不是我做的决定，如果未来不顺就怪他们好了”；恋爱的时候，他们听亲戚、朋友的话，决定是否要坚持一份感情，其实是因为没有负起风险的勇气；找工作的时候，他们听老师、长辈的建议，让别人为自己选择工作，只是因为没有耐心去寻找和了解……

这样好吗？这样的一生，是谁在过呢？

明明是你的生活，却要别人来选择，要别人替你掌控未来，何其悲哀！一个人的自由本来就是有限的，我们不能掌握自己生于何处，也不能掌控生命的期限，若是连有限的一生该怎么度过都交给别人判断，在这个舞台的自己又是什么角色呢？

你明明可以做自己的导演、主演和编剧，却硬生生演了一出木偶剧，将提线交给了别人。与其如此，不如勇敢去做选择，那些失败的选择背后的压力、选择时要承担的责任，跟掌控人生的自由比起来都不算什么。

人生就是一次不断选择的旅程，而在选择的过程中，我们在不断打碎过去的自我并完成重塑，每一次都成长为更好的自己。每一次选择，都是一次脱胎换骨的机会。

董卿做过很多让人不解的选择，但每一次都完成了后来的华丽转身。刚当主持人的时候，她就跳槽了三次，最后失败的跳槽经历几乎将她所有的成功都打回原形，但正是因此有了宝贵的经验和重回大学的机会，最终让她走入了央视；成为女主持里中流砥柱的时候，她突然消失在了荧屏中，选择了远赴美国游学，这样的急流勇退让人瞠目，但也让她有了时间思考和沉淀自己；从一个最好的主持人，选择去成为可能沦落三流的制作人，也是一次风险巨大的选择，但完成了，她就成了独一无二的董卿。

每一次选择，她都在逼自己拼尽全力，每一次都抱着破釜沉舟的勇气。所以选择的时候，她就没有给自己留任何后路和余地，先将过去的那个自己打碎了，将过去的成就埋葬了，再踏上新的旅程。

这样的选择，每一个都不是可有可无的。每一个选择都是她人生的拐点，凑在一起就成就了现在的董卿。

你看，好的选择可以改变人生，在那些重要的选择时刻，如果你缺席了，也许就是一生的遗憾。不要在未来回首时，抱怨“我本来可以……”“要是我选了……”，选择的机会稍纵即逝，改变命运的时刻不过转瞬，没抓住，就再也没有机会。

选择是如此珍贵，一个放弃自我选择的人，就如同弃珍珠而选鱼目，愚不可及罢了。万望你不要成为这样的人，而是懂得在选择中，掌握人生的航线。

5. 明白你的心，等待的时间不会寂寞

无望的等待，往往会让我们陷入到无穷的寂寞当中。

要逃离这种困境，你需要明白自己的心，知道自己等待的目的。不要放弃努力，让短暂的沉默变成一种勇气，将此时的等待化作一种力量。

很多人提起现在成功的董卿，都充满一种无法掩饰的艳羡和隐藏其中的嫉妒。他们觉得，董卿这样的人天生大概就比别人命好一点，良好的出身让她接受了好的教育，一路按部就班地前行让如今的成就变得顺理成章。然而他们不知道的是，看似一帆风顺的董卿也没少经历过等待的煎熬。

在成名之前，董卿作为一个新人，在东方电视台坐了近两三年的冷板凳。

在主持人这个行业也有一个难以突破的怪圈——没有名气你就很难拥有自己主持的节目，不主持节目又难以累积名气。除非频道要培养新人，否则大多数时间他们都没有露脸的机会。很多主持人之所以能在后期走上事业正轨，并不是因为获得了多好的资源，而是因为运气比较好，主持的边缘节目意外红了。

小红靠捧，大红靠命，这句形容娱乐圈的话，放在主持人圈子里也并不为过。然而无论是捧还是命，在到来之前都不会提前

通知你，所以漫长的等待就变成了一种折磨。

每一天都想放弃的时候，在冷板凳上一天天熬的时候，靠的全都是对未来的希冀和那一丝对命运的期盼，太虚无缥缈了！所以时间久了，很多人会放弃而转做其他岗位，因为这样的等待无异于是一种精神酷刑。

董卿也经历过这样令自己感到焦灼的等待。但她并没有在等待当中失去自我和初心，因为她对自己的人生始终有清晰的认识，且十分主动地去用自己的努力，抓住了所有可能的机会。

当时董卿虽然是一个主持人，却并不是主持专业毕业的。曾经学习表演的她，在主持功底上，多少都有比别人差一些的地方。没有人愿意将命运全部交给别人掌控，虽然未来能不能成功靠的可能是无法预测的机遇，但这就意味着我们可以在等待机遇时什么都不做了吗？至少你还可以做好充分的准备，用最好的面貌去迎接它。

所以董卿选择了用学习来充实自己，提升自己，身为一个主持人的素养，时刻为了将来等待的机会做准备。

她考入上海戏剧学院学习主持，一边工作，一边修炼自己。就在她求学期间，一个意外的机会到来了，让董卿尝到了“红”的滋味。

她主持的一档当地节目《相约星期六》获得了极高的收视率，让初出茅庐的董卿被观众所认可，并记住了。这样相对而言的成功，是否意味着董卿的等待结束了？

并没有。

上海东方卫视成立之后，董卿跳槽了。后来的事情我们早已知道，她所面临的境遇与卫视当初的承诺天差地别，突然又闲下来的董卿再次开始了无望的等待。

这一次的等待之中，她选择了继续回到学校提升自己。

你看，我们也和董卿一样，经历过这样的等待时光。只是对很多人来说，等待就是等待，在属于自己的机会和任务到来之前，他们不会做任何努力，也不会做任何工作，而是心安理得享受这段空闲的时光。也正是因为他们什么都没有做，在迟迟等不到的时候，才会格外焦虑、寂寞。

对有的人来说，等待却是一次积蓄力量的机会。虽然外界没有任何人给予我们压力，等待的时间完全可以由自己支配，但这却不是偷懒的理由。用自己理想的方式利用好这段时间，让生活充实起来，等待反而可以变得格外多彩。甚至于在等待中，你才可以完全按照自己所想去追求一切，完全做自己想做的事。如此的等待，反而变成了最理想的状态。

就如董卿所说，即便她现在已经获得了一定的成就，但回首过去的时候，最怀念的，最向往的反而是那段在学校读书的日子。读书的时候其实是她在整个主持生涯当中的最低谷，因为等不到合适的主持工作她才有这么多空闲。但因为她运用得当，始终明白自己想要什么，并将其付诸实践，反而把这段最难熬的日子过成了最美好的回忆。

所以在等待的时候，记得你等待的目的，记得你的初心。若是忘记了，这种等就会变得特别漫长。

你知道自己在等一个人，或者一个机会、一场相遇，但却不知道他们什么时候会来，也不知道他们的到来会对自己的生命产生怎样的影响，所以你只是单纯在等着，任凭时光从眼前匆匆掠过。

这样的等既没有一个期限，也没有方向，时间越久就越痛苦，就会让我们越麻木。

在等待的时候，无论做点什么都好，不要让时间空度。等待其实是最好的时光，也是最坏的时光，你可能因为自己在等待中一无所得、浑浑噩噩而感到焦虑，那这就是最坏的日子了；但你也可以完全肆意地去做自己想做的事，这就是最好的日子。

有些人在等待中崩溃，在沉默中灭亡。但也有些人在等待中厚积薄发，在沉默中不断成长。

如同月盈则缺，水满则溢，一个人的一生中有高峰就必然有低谷，谁都经历过那段孤独等待的日子。但你要知道，自己不可能永远处于一片低谷，即便命运要你如此，你也可以自救，反正一切也不会更坏了，何不挣扎出一片天来。所以等待永远不会是无望的，你也不能在等待中手足无措、甘愿成为砧板上的鱼肉。

要永远去斗争，去承接那些命运发出的挑战，把等待也当作一种考验。那样，你就总能寻到一个想要的结果。

6. 从“金话筒”到国民女神，会坚持才能拥抱结果

没有一种成功，是不靠坚持就能够得到的。

再才华横溢的人，也需要坚持才能向世人证明自己。成功只有 0 和 100%的差别，一个有价值的成果，总需要时间周期来打造，若是你不能坚持，在这之前所有的汗水和努力就都会归于 0，只有坚持到底，才能见到那 100%。

如同董卿这一路走来，能够成为现在的央视一姐、国民心目中的女神，也是因为她始终对自己要走的路坚定不移。

董卿在主持行业第一个较为重量级的奖项，是 2001 年获得的“金话筒奖”。那时候她在上海当地已经小有名气了，但在奖项评委面前，却还不够看，几乎没有人认识这个初出茅庐的姑娘。可即便如此，董卿还是凭借自己在节目当中的出色表现，以大气亲和的主持态度和磨炼出的功底征服了评委席，得到全票支持，获得了当年的“金话筒奖”。

这是董卿第一次得到业界的普遍肯定，也让她找到机会走进央视。“金话筒”节目当中的一位评委看中了董卿的主持功底，力邀她加盟央视的新频道——西部频道，担任其中一档节目的主持。

当时中央电视台西部频道刚刚开播，又是一个像当年的上海

东方卫视一样的境况——谁也不知道董卿跳槽之后的发展到底是好是坏。

但她还是毅然决然的做出了决定，收拾好行囊从温润多雨的家乡上海，来到千里之外的陌生北京。

是骨子里的一种挑战欲和好奇心，促使董卿不断向前。甚至于她会主动寻找挑战和困难，因为每一次跨越都意味着成长，而她是不甘心原地踏步的，哪怕这样很舒服。

来到北京之后，她一走就是 18 个年头。长达 18 年的坚持，才让她渐渐从央视的边缘走进了中心，又变得像现在一样，成为中流砥柱，无可取代。2006 年，董卿的身影第一次出现在央视的年历画报上，她和孩子们熟悉的小鹿姐姐等一起挤在十二月的月历中，但这已经是一种标志——她在央视开始被重视了。

之后的每一年，你都能在年历画报上看到董卿的身影，而且地位也越来越重。直到今天，她已经成为整个中国观众心中的“女神”。

你看，并没有什么天之骄子，也没有什么命运所钟，那些所谓优秀得让我们高山仰止、难以攀缘的人们，也不是从一开始就获得这样的成就的。哪有那么多幸运，他们能够走到今天，靠的是一日一日汗水的累积，靠的是一步一步踏实的前进。甚至有些时候，他们可能还走过弯路、浪费过时间，全凭一股绝不放弃的信念才有了今天。

曾经有一个做自媒体的朋友告诉我，在互联网时代做自媒体成功，只有一个秘诀——坚持写好文章。

文章的本质是决定你能否成功的根本，一篇爆文的出现不是偶然，绝对有足够引燃人们关注的地方，也绝对称得上优秀。在这之余，你只需要坚持就好了。

他说，自己看过太多文笔不错、文章质量很好的朋友和同行，不过是发了一两篇文章，就想追求成功，坚持不过三四天就因为流量不高放弃了。所以最终红起来的，反而是他这个水平不上不下，却因为不断坚持而累积粉丝、不断打磨功底而写出好文章的人。

坚持真的太重要了。有些付出往往当时是并不能见到成果的，我们需要等待一段时间才能看出当时的影响力逐渐显现。罗马不是一日建成的，一时的心血来潮，一般很难让我们达成想要的目的或获得一个完整的成果。要实现一个计划，继而实现自己的人生理想，总是需要或多或少的坚持。

有时候就是你坚持的毅力决定了你未来能走多远，而不是取决于你的小聪明或者小运气。

要坚持，你得先知道自己执着要追求的东西到底是什么，即“厘清自己的内心”。不明白自己想要什么就去盲目坚持，无异于缘木求鱼，又怎么可能寻到自己想要的结果呢？若是发现自己追求的东西和自己走的路并不相符，无论走到哪里，都记得及时回头，任何时候止损都是来得及也值得的。

要坚持，你需得懂得不急于求成。坚持的过程往往不是一日一周或是一年，甚至常常以数年十数年为计，有些科学家一生也只能研究出一个成果、解决出一个问题。但只要能够做出来，投入的精力越多往往结果就越令人惊喜。所以，急于求成者一般很难成大事，放长线的人才能钓到大鱼，一个懂得坚持的人，应当有些耐心。

要坚持，以张弛有度的节奏前行似乎比冲刺快跑更重要。有些姑娘的坚持往往就像一根紧绷的弦，在状态的时候特别用功，但往往会让自己拼尽全力，后劲就不足。一旦弦断了，就再也没有任何消息，这与半途而废又有什么差异?

你能在董卿身上看出好的坚持是什么样子。好的坚持是不疾不徐，从容不迫，始终心中有数，既不懈怠，也不紧张，就这样按照自己设定的节奏，走在自己预计的道路上。

好的坚持是温润如水，润物细无声。也许你不能立时得到坚持的回报，但时间久了，就会发现自己在一天天变得更好。

好的坚持是一种自律的体现，如同董卿数十年如一日的敬业和细心，无论处在人生的哪一个阶段，都要有一样的拼劲和执着。

有这样好的坚持，你必然会成为一个优秀的人。

7. 台上一分钟，台下十年功

在《朗读者》节目里，曾经请来过一个年轻的姑娘，他们一家三代人为了守卫丹顶鹤的栖息地坚守了几十年，她的父亲和姑姑都相继因意外去世。

姑姑的日记里，写下了一段倔强的话：

“我可以放弃我应得的一切，甚至放弃生命，但我不信女子不能做成一番事业。”

没想到，竟一语成谶。逝去的人虽然离去，但同样的精神却不会泯灭，只要付出足够的汗水与辛劳，女子又凭什么做不出一番事业来？

站在舞台上的董卿，因为守卫丹顶鹤的一家而热泪盈眶，我想这其中，也有跟女孩姑姑的惺惺相惜。董卿，也是一个为了事业而奉献一切的人，最终才能站在这个地方。

纵观董卿的工作经历，你会发现自从她进入了央视，就如同盘龙如海，一飞千里。她的伯乐总是很多，不仅前辈器重，领导也喜欢提携。为此，不知道多少恶意的猜测曾经在阴暗的角落里流窜。

关于“董卿背后的男人”这样的流言，不知道传了多少版本，又被多少流言的搬运工重新编纂得活灵活现，以满足围观者的窥探心理。那些做不到如此优秀的人似乎总是不愿正视别人的努力，而是宁愿相信对方的成功是走了捷径的、是不合理的。

承认别人的优秀，有时候总是比较难。尤其是一个有名气的、长得漂亮的、看起来有故事的女人，承认她的成功靠的是自己，更是难上加难。

但是董卿台上的光鲜亮丽，的确都是来源于自己的努力。

有些人质疑，只凭借自己的努力，足够让一个刚进央视没多久的主持人得到领导的喜欢、一路被人大开绿灯吗？可是，质疑的人只看到了董卿的幸运，却不知道她为什么能得到领导的青睐。

董卿得到重用，来源于2004年的青歌赛。这一年董卿担任主持人，青歌赛的节目主持任务很重，因为这档栏目是直播，出现错误都毫无挽回和重来的余地。而且青歌赛的赛程十分密集，连续二十多天里面，董卿要主持将近30场比赛。

那几天，董卿承受着巨大的压力和工作量负担，但是她全都扛住了。每天下午四点，她需要来进行彩排，七点左右开始直播，十点才能结束。

脱掉身上隆重的礼服，董卿换上平常的衣服就得去会议中心，有老师跟董卿整理、核对第二天的考试题目，必须要保证对题目熟悉，第二天才能串好场、说好台词。

回到家，天都快亮了，但是董卿还是不能休息。下午的彩排必须保证台词熟练，所以她总是要背台词背到天都大亮，才有机会睡上一会儿。

整整一个月的时间，在精神压力之余她还有身体上的负担，几乎带着美国时差在过日子。要是别人，多少都要抱怨一下的，但是董卿却乐呵呵地格外高兴，因为她每一次站在舞台上，主持好一次节目，都特别有成就感。

她感受到了汗水和付出带来的满足，也因此更热爱这份工作。如果你是领导和上司，看到这么有积极性和能力的后辈，是不是也要器重一下？所以，董卿凭借实力走到今天，实在是毋庸置疑的。

不要怕付出，付出多少汗水，就经得起多大赞美。努力之后获得的成就和因为别人的帮助而得到的成果给我们的感觉是不一样的，若是你的成就全部源于自己，那听到别人每一句赞美的话，你都会打心眼儿里觉得高兴，都会觉得自己的背挺直了、头扬起来了，因为这是你该得的。若是靠着别人，即便得到了不属于自己的成果，内心也总是会感觉惴惴不安，但凡是有道德底线的人，都不能坦然去迎受人们的赞赏。

与其承受着心理上的压力，倒不如让自己名副其实，以真正的实力让所有不服的人闭嘴，实实在在为自己赢得认同。

要做到这一点，可不只需要付出表面上的那些努力。台上一分钟就是台下十年的积累，这句话一点都不夸张，董卿不也是在主持界摸爬滚打了十年，才逐渐崭露头角吗？我曾经听过这样一句俗语，“要想人前显贵，必得人后受罪”，话虽糙但道理却不糙，.世上没有白来的午餐，亦没有平白无故的成功与幸运，越是平凡，就越要用汗水来赢得公平，没有一个人是例外的。

我家有一位长辈在省京剧团工作。遇到她的人都说她实在是太幸运了，50多岁的年纪，却看着细皮嫩肉一点都不显老，举手投足之间带着艺术工作者特有的韵味和气质。在工作上，她是成功的京剧艺术传承人，是剧团里面备受倚重的中流砥柱，生活里，她是优秀女儿的母亲，成功丈夫的妻子。在外人看来，这简直是再完美不过的一生了，需要何等的幸运才能修来这一世福气。

然而真正了解过的人才知道，她能有今天全靠自己的打拼。年少的时候学习京剧，家里却没有一个人懂艺术，所以她小小年纪就背井离乡，一直在外面跟着师傅学习，吃了不少苦。长大以后，在剧团里竞争压力很大，她甚至顾不上自己的家庭，结果跟丈夫感情破裂，最终离婚了。最艰难的时候，她一边要赶场子去唱戏，一边独自抚养女儿，小姑娘常常在后台就睡着了，被妈妈深夜背回家。

咬牙坚持过来，才有了如今的幸运。她终究遇到了真正适合和欣赏自己的人，而数十年如一日坚持不懈地练习、找到机会就提升自己，也让她在事业上获得了一定的成就。但谁又能说今天的一切都是靠幸运得来的呢？在我看来，她的一生比别人要辛苦多了，不过是因为自己足够努力，才有了今天的一切。

也许这世上没有多少公平的事，但努力一定是公平的。努力一分就会有一分的回报，即便不在当下回馈给你，也会在未来的某一天显露出来。我们没有办法去依靠那些虚无缥缈的东西来掌控自己的未来，就只有依靠努力，唯有自己付出的才是最踏实的。

要走到舞台上最光辉璀璨的地方，你需要靠自己，一步一个脚印地过去。

第 三 章

有意义的事，什么时候做都不晚

1. 你的价值不在方寸之地，而在无限的远方

回想起来，董卿应该算是这些年央视春节联欢晚会上的常客了。她不仅担任主持人，有些时候也出现在小品、魔术节目里，随着董卿的名气一天比一天大，人们放在她身上的注意力也越来越多，至少在几年前的春晚，董卿还成了新的“带货女王”，被无数人询问口红色号。

这种关注度明确向人们昭示着一个讯号——董卿再次火了，而且不仅仅是作为一个主持人的火。

她的走红，已经是国民级的了。

这让我不禁想到了2005年的春节晚会，对于董卿来说，一定是一个非常特殊的节点。因为这一年，董卿第一次登上了春节联欢晚会，成为了一名主持人。她的搭档是当时已经十分重量级的李咏、周涛和朱军，相比于这三个拿出来都能独当一面的名嘴，董卿的出现，颇有一些黑马的意味。即便她的资历还不是那么深厚，但能站在春晚的舞台上，就说明她已经有了这个实力。

这一次，她第一次站在了舞台之上，站在聚光灯照耀的地方。不知道当时的董卿是否想起了更早的十年之前，1996年的时候，

她也参与了央视春晚的主持工作，但那时的她刚毕业没多久，不过是后台一个跑来跑去的剧务，在工作的间隙站在阴影处，遥望一下舞台上的热闹，就已经是难得的满足了。

然而十年的时间，谁也想不到，她已经完成了这样的转身，从台下走到了台上，从默默无闻走到了开始为全国人民所知。

而彼时，刚站上春晚舞台的董卿以及台下的观众也决计想不到，又过了十年之后，她已经成为一个红遍大江南北的名人，已经成为了地位不可动摇的央视一姐、第一花旦。

这样一条向上之路，董卿足足走了22年。22年前的今天，她不会预料到现在，但我想她一定已经想到，自己的未来在更远的地方。

因为只有有这样的想法，只有对自己的未来有所期许，只有不满足于平凡的现状，一个人才会有了向上挣扎着前行的动力和拼劲，才有了成功的可能。若是只顾眼前，因为最微小的成就而得意扬扬、自满不已，那一个人是很难有所发展的，更不可能有今天像董卿这样的成就。

董卿之所以能活成这样优秀的样子，一定是因为自己始终相信，她的未来不在方寸之处，而是在更广阔的空间里有着无限的可能。

只有拥有一个这样的心态，我们才有了成功的基础。因为只有拥有了无限广阔的发展空间，不给自己随便设定上限，我们才能在最大限度上发挥自己的潜力。有些人就是因为对自己的认识太过于浅显，对成功和利益的看法太过于浮躁短视，所以不自觉地给自己的发展加上了一个上限。这样就算他们能够有一天抵达这个上限，甚至还可以突破它，也会在潜意识里阻碍自己。这样的人，就被自己困死在某个地方了。

但是董卿显然不同。她之所以能做出一次又一次的冒险，一路从上海辗转来到北京，从央视的一个边缘频道进入主力团队，就说明她不仅有目标，有野心，而且这个目标还很长远。

你的目标和理想当然可以定得非常长远，你甚至可以告诉全世界，你有一个亿的小目标！不要怕别人的看法，若是他们嘲笑了你，只不过是因为他们自己的见识太短浅罢了。只要你真的去想，并且踏踏实实去追求，你完成这一个意向目标的概率就比别人要大很多——毕竟他们打心眼儿里都不相信自己可以这么成功，又谈何成功的可能呢?

在我读高中的时候，我们的校训是这样的：

给每个学生主动发展的无限空间。

十多年过去了，我还深深地记得这句话，并且在骨子里烙印着它。我很感念在那里受教育的短暂几年，它告诉我，原来我可以自由主动地去掌控自己的人生，去选择要活成什么样子，而这样的未来，既没有上限也没有下限，年轻就是最大的财富，因为我还有无限可能。

我想，我们应该就是这样，不断走出自己的舒适区去适应新的环境，最终将新的环境也转化为更大的舒适区。这样一路迎接挑战，一路前行，最终创造出一个属于自己的偌大空间。

董卿在采访中曾经透露过，为什么会放弃在上海的一切成功，转而到北京、在央视重新开始呢？

除了因为每一个电视人对央视都有一些情怀之外，促使董卿做出这一决定的更大理由，是因为她觉得自己已经走到了瓶颈期。

在上海工作的八年时间，让董卿已经适应了那里的一切，并且为自己打造出了一个极为舒适的堡垒。她有了一定的成功，有了舒适的环境，但她展望未来的时候才发现，不管再怎么去折腾，将来的可能性也只有那么几个、未来能走的道路也不过就是几条，而且发展的天顶也已经十分明显了。

困守在这样一个笼子里，不是喜欢挑战、喜欢新鲜感的董卿要的选择。所以她才会一次又一次放弃自己曾经得到过的东西，毫不犹豫地背上行囊，重新开始。

有些时候我们就需要一点壮士断腕的决心和勇气。若你想要在长远的角度上实现人生的价值，就千万不要给自己设定上限，更不要觉得自己的能力，只够在方寸之处发挥。你应该做好现在，并且向无限远的地方展望未来，不管用何种方式，都要去尝试一下。只有这样，你才会发现自己的人生维度原来可以这样丰富，选择的可能原来有这么多，生活的方式更是不会只有一种。

只有这样，在困难面前，你才不容易被挫败击垮。因为你的世界充满不确定性，只要活着，就总有成功的机会。

这样想来，你是否会觉得更快乐呢？你的枷锁并不是别人给的，而是你自己亲手将心束缚了起来，解开它，自然会快乐。

2. 想到就去做，做自己永远的支持者

一个人最悲哀的不是得不到别人的支持，而是连自己都不能支持自己的决定。若是这世上连你都不相信自己，又能指望谁来支持你，永远站在你的身后呢？

董卿曾经说过，自己是一个倔强又充满好奇心的人，总是喜欢追逐新鲜的事物。这是因为她喜欢如此，所以才会在工作的历程中不断颠覆自己，做出一些惊世骇俗的选择。

很少有主持人在工作的时候，一次又一次选择回到校园里去充实自己。但是董卿就是喜欢这样，只要有时间的时候，她就会去校园里读书，对这个女人而言，拿一个学位看起来都那么简单，我想这是因为她将读书和对知识的索求看得无比自然，做自己喜欢的事，当然不觉得困难了。

即便没有时间，董卿甚至还是选择了追逐自己的内心，想要去沉淀自己，就立刻抛下了当时所有的成就和光环。就在几年前，董卿在主持界混得风生水起的时候，就在央视大型节目中，总能看到她的身影的时候，董卿突然急流勇退地消失了。

有人说她嫁给了富商，从此退出了这个行业；有人说她秘密地生了个孩子，只是没有公布。而董卿说她去了美国，重新进入了校园中学习、沉淀自己。

我不知道更该相信哪一种说法，但不管是为了婚姻和家庭选择了离开，还是为了让自己的灵魂在自由当中出走、在远离喧嚣之处沉淀，都是董卿自己的选择，而且是一个别人可能并不能理解的选择。

她走了20多年才走到了这个位置，拼命奋斗了20多年，才拥有了今天的成就，而一旦长时间离开这个岗位，眼前的一切都会变成风花雪月般的泡影，随时都可能消失无踪。但董卿想到了就去做了，说走就走，毫不留恋。

同样，当她在制作节目上产生了新的想法，想要回来重新跟观众对话的时候，她也干脆点回来了。这一次，她甚至还转变了自己的身份，不仅仅再是站在台前的主持者，更是站在幕后的规划者，不仅去讲别人的故事，更是要将自己的价值观传递给观众。

这就相当于又抛弃了她在主持上的一切成就，从一个新人编导做起，甚至还要承担着更多的压力和审视。而这一次，董卿似乎已经经不起失败了，因为她已经不再年轻了，她已经站得太高了。

一定也有人阻止过她做出这样有风险的选择，明明可以躺在过去的成就上安然享受着回报，明明已经做得够多了也走得够远了，何苦还要去折腾呢？但董卿还是选择了想到就去做，她永远都那么坚定，永远都清晰地明白自己想要什么，永远都做自己的第一个支持者。

这是一种不可或缺的自信。一个人必须要有支持自己的勇气，才证明他对自己足够肯定、足够信赖。只有这样才不容易在困难面前迷失自我，才不容易用怀疑和质询的态度对待自己的选择，才不容易在前行的过程中动摇。

人生之路遥遥，我们很难一路都得到别人从始至终的支持。就像曾经有人说“如果人人都赞同你，你得普通成什么样子”。作为一个有独特个性的人，我们终归会有自己独立的思维和想法，莫说是得到所有人的赞同，只怕仅仅得到周围亲人、朋友的支持有时都很难。

这时候，你自己的想法自己都不支持，还能指望谁站在你身后呢？记住，这一生唯有你可以陪伴你自己走到最后，所以能依靠的没有任何人，只有自己而已。

正因为千千万万的人存着依靠自己的想法，才能作为一个独立的人站起来啊！董卿是如此，你亦可如此。

有个姑娘曾经向我倾诉，自己要结婚了，却并不快乐。原来她有一个相处已久的男友，人很好，彼此感情也很好。但这又有什么用呢？一向乖巧的她从没忤逆过父母的想法，所以在父母的反对下，她挣扎过，却只能妥协地分手了。

“看着我妈在我眼前哭成那个样子，说我要是嫁到那么远的地方，嫁给一个穷小子，她就不活了。我一点办法都没有……”姑娘忍着眼泪告诉我。

现在，她要嫁给父母喜欢的结婚对象了，那个人她说不上讨厌，但却没有什么心动的感觉。可是，她也知道他看起来很适合结婚，而周围的人都在为这件事祝福他们、为他们快乐。

全世界都告诉她，这是她最好的选择。可是这个选择真的出自她的本心吗？她苦涩的表情就是最好的答案。

我真想摇醒这个姑娘。醒一醒，不要再唱苦情剧了，你是生在几百年前的朱丽叶还是祝英台啊？我们不过都是普通人罢了，没有必选不可的抉择、没有必走不可的路，面对不喜欢的男人，只要自己不想嫁，全世界也逼迫不成。

对不起你的，不是你的父母也不是规劝你的亲朋，是不肯支持你的自己。若是能坚持自我，有多少遗憾可以被挽回？有多少人，不必假装快乐地面对自己不愿意面对的选择。

没有人可以替你做决定，你得自己来。快乐和荣耀可坦然享受，痛苦与责任要一肩承担，不论有多少蜚语流言，都得告诉自己——你始终还有一个支持者。

那就是你自己的心。

3. 人生，总要有不怕从头来过的勇气

得到的越多，我们就越承受不了失去；牵挂越重，我们就越容易失去勇气。

然而对于董卿而言，她似乎从来都没有这样的负担。随时随地，你都可能看到她抛弃过往的一切成就，勇敢地踏上新的征程，哪怕前路迷茫，哪怕她可能失去自己曾经拥有的一切。

在做《朗读者》这个节目之前，董卿是全国女主持中的翘楚，是央视的当家花旦。在自己所专攻的这个领域，董卿已经做到了顶尖的位置，这让她处于一种很舒服的情况——主持人的工作不管怎么做，基本都可以信手拈来，怎样的意外都可以凭经验和能力处理。

但她并没有满足于沉浸在过去的成就里。《朗读者》栏目给予她一个机会，于是董卿就立刻离开了自己曾经熟悉的领域，去选择当一个制作人，哪怕面临着极大的挑战。

为了这个节目，她不分白天黑夜地工作，一天往往只能睡三个小时左右。当主持人已经不是一件轻松的事了，在这之余还要负责制作节目，这意味着整个流程都需要她参与。有的时候，前一期节目的后期还需要董卿时刻盯着，后面节目的策划，就已经送到了她的桌案边，需要她敲定审核了。

这让董卿常觉得很疲惫，哪怕她并没有将这件事说出来。在面对观众、面对采访者的时候，董卿永远都是站在舞台上那样神采奕奕的样子。但有时，在私下的采访有人提了问题，她很难立刻回答，而是会先重复一下。我想她就是在利用这个重复延长自己的思考时间，因为她太劳累了，已经不那么敏捷。

但在舞台上，她还是机变灵活、思维高度集中的她，这就是一个主持人的职业素养。

我十分佩服。一个站在舞台上几十年、功成名就的主持人，愿意做出这么大的努力来尝试新的工作，这本身就是一种极大的勇气。董卿也说过，在节目播出之前她做好了最坏的准备，做好了节目收视率和口碑进入低谷、乏人问津的准备。要做这个准备可不容易，她也是在无数个夜晚辗转反侧、焦虑难安之中才下了决心，决定要将这件事一做到底，不问前路成功与否。

这样的勇气，若是放在一个初出茅庐的年轻人身上，其实并不会令人十分惊讶，正是因为一无所有，所以才一无所惧。然而越是拥有的多了，越是会有所顾忌，更何况如同董卿这般活在荧幕前，活在千万人谈论之中的名人，一次小小的失败，都有可能让她过往所有的成就尽失，尝试风险就变得更不可思议。

然而董卿就是这么一个大胆的女人，和表面上文雅温柔的样子截然相反，她的性格很倔强，只要有了认定的方向，就一往无前去走，从来不顾及后果，也不畏惧自己可能会付出怎样的代价。

随心而行，不就是达到了“七十而从心所欲”的境界吗？一个人的人生境遇，其实从不因年龄和阅历而被局限，只要心是自由的，就有一切可能。

任何人都应该有不怕重新来过的勇气，过去所取得的一切成就，都是我们努力的证明，是汗水的勋章，而不能成为我们前进的绊脚石。不要躺在过去的成就上畏首畏尾，你要知道自己曾经能取得这样的成果，就意味着未来一样也能靠努力打拼出新的天下。

总有些人走得越远，牵挂就越多。也可能是年纪大了，不像年轻的时候那样，初生牛犊不怕虎，有了亲人朋友的牵绊；也可能是站得太高了，所以就怕摔惨了，怕摔下来的后果太重，也怕别人的嘲笑太深。但正是因为这些牵绊，让他们失去了年轻时的闯劲，而失去了曾经的灵气。

故而很多人都告诉我，要成就一番事业，一定要在自己年轻的时候。大多数人如果青年时期没有崭露头角，这一辈子都会碌碌无为，大器晚成的人终究只是少数。我想之所以如此，就是因为我们的思维会逐渐变得不自由，我们的行为开始变得瞻前顾后，所以越往后走，就越缺乏破釜沉舟的勇气，生活也就没有什么改变了。

你仔细了解过就会知道，那些大器晚成的人往往是不缺乏这种勇气的。他们之所以未能在年轻的时候成功，大多数是因为环境所限。所以，一个人的成就往往会受到自己的个性和思维的影响，成功的个性一定会带来一个美好的前景，区别只是早晚而已。

我想董卿这种性格就是值得我们学习的。她永远在挑战自己，永远不吝于改变。很多人都觉得，董卿放弃名主持人的光环，在制作人圈子做个新人，是吃力不讨好。没错，这种选择的确辛苦，但董卿从来不觉得这种辛苦是白费的。

她赌上自己过去的名气重新开始，就是因为心中有一个念头和执着——所有的付出和努力都会得到相应的回报，这一切是平衡的，绝对不会白费功夫。正因为有了这个念头，再辛苦的工作也变得不辛苦了，也正因为这个念头，她才始终有一往无前的勇气。

如同董卿这样始终怀抱着勇气去迎接生活中的变动和挑战，任何一个时代都不可能把你淘汰。不过也不要认为幸运就理所当然降临在你的身上，哪怕你付出了许多，你应该更重视过程、享受过程，而不是关注结果。这样每一次有所成就的时候，你都会变得更快乐，即便中间有一些不理想的地方，也不会让你丧失面对未来的勇气。

每个人都应该在任何一个时间点上，敢于抛弃一切、从头出发，有这样的心态，才有了一个成功的开始。

4. “央视一姐”不好做：做到极致，才会从容不迫

我向来认为，能走到顶端的人，都有其不同于常人之处。

也许他们未必能得到所有人的尊重乃至认同，他们不是完人，一样会在很多地方做得不好、不对，但他们也必然要凭借一些卓越之处，才有超乎常人的成就。

所以，能做“一哥”“一姐”的人，肯定都不一般。

董卿这个“央视一姐”，在过去的很多年间都让人觉得不温不火。她不像倪萍，拥有一个时代的影响力，也不像杨澜，用聪慧冷静打造出独属于自己的标签。有时候，我们觉得“董卿”就像一个标签，一个属于央视女主持人典型的标签，只要是坐到这个位置上，谁都可以是“董卿”，谁也都会被打造成“董卿”。

那个舞台上的她，优秀得缺乏人间烟火，标准得仿佛被刻意打造。她的言行总是恰到好处，说话的语调都精心设计过，一个表情、一个动作，都让人觉得和平凡人差那么多。因为距离感，让我们更觉得舞台上的董卿好像是个“假人”了。

然而后来，了解过才发现做到这一点的不容易。谁都知道张扬个性，但谁又知道将个性放在台下、始终在舞台上展现职业形象有多么难？要做到数十年如一日的从容不迫、稳定发挥，本身就是一种极致的个人特色了。能坚持到现在，全靠董卿强大的内

心支撑。

做当家花旦，不允许出错。正因为错误不常有，所以人们才会关注，才会翻来覆去地提起，这就是为什么央视主持人出错的瞬间能在网上被做成集锦，而其他人则不会被关注一样。普通人出错了，那是职业素养不够，央视的名嘴出错了，那就是一个可以津津乐道、百年难遇的趣事了。

因为少见。

少见的错误背后，是十年如一日的苛刻要求。董卿从来对自己都是高标准的，自己的工作永远要做到细节。只要是她主持节目，不仅要将主持人的本职做好，还会在彩排时盯着整个串场流程，小到一束灯光怎么安排，大到嘉宾和主持人如何交流、如何把握节奏，这些都是让她琢磨不知道多少遍的东西。

她用高标准来要求自己，才让“央视名嘴”的形象立得住，才让人们一提起央视主持人，就竖起大拇指。这个过程中，也许董卿牺牲了作为自己的一些特色，但她用一个女性柔弱的身躯，硬生生扛起了央视对外的一面牌子。

早年间，董卿这样的高标准也常被人诟病为“苛刻”，跟她合作不是一件容易的事情。很多人不理解，为什么董卿的要求这么多、麻烦这么多？她只好用自己的行动去证明，正因为自己这么“多事”，所以才能走到比别人更高的位置，才能做成一些事情。

这样，她就成了一个带动者，人们开始愿意相信她、听从她和追随她了。做《朗读者》的时候，董卿就是这样将高标准带进了整个节目组中，她说：“很多同事这次合作了才知道，说原来你是一个这样的董卿。”

原来，她能走到今天完全是情理之中，正因为有这么多严苛的要求，才能把优秀做到极致，才不负“当家花旦”之名。

优秀，本来就是一个很辛苦的词。没有人天生就可以将一切都做好，你也许能够拥有更高的天分，但若是不抱着一颗将一切事情都做好、将本职工作做到极致的心，天分是不能带你成就一番大事业的。更何况，我们中的大多数都是普通人罢了，要想在今后的人生中从容不迫，先得有进退自如的底气。

要做到这一点，须得学会将一切做到极致。

做到极致是对自己的高标准。“严于律己、宽以待人”，高标准从来都是先留给自己的，当你用这种标准来自我要求，并且做出一番成就，自然会有人追随，你说的话也就有了可信度。若是用高标准来要求别人，自己却做得不上不下，只会备受诟病。这就是为什么有的人的高标准成就了自己，有的人却用苛刻毁了名声。

做到极致是对细节的追求。很多时候，我们并不是不能将事情做好，只是不能做得很细。然而，正是细节才见真功夫。值得收藏的名牌之所以跟高街货不一样，也许不是因为设计得多么与众不同、审美上多么鹤立鸡群，更多的是因为出众的品质、考究的细节才脱颖而出。很多事情若是做得马虎，往往远看不错，细看之下却都是疮疤补丁，这就是细节决定成败了。

做到极致需要强大的内心支撑。即便是董卿这样强大、独立又优秀的女人，一样在减负重担的时候辗转反侧，常常因为责任而难以入眠。一个人能将事情做到极致，必然将负担别人的期待，做得越好、做得越久，就越容易被期待压得喘不上气来。这时候，强大的内心支撑，才能让我们收拾行囊走得更远。

做到像董卿一样强大，必然不愁前路了。因为不论在哪里，你都可以活得很好。

5. 做“当家花旦”，细节决定成败

想要将事情做到极致，就一定要注重细节。

作为央视对外的“旗帜”，董卿能成为当家花旦，就意味着已经将主持的工作做到了极致。在顶尖的主持人里，要是比职业素质、比主持能力，恐怕大家都是不相上下的。此时，能够决定谁脱颖而出的，就是细节了。

董卿的主持就是“稳中有胜”的。大多数时候，你都觉得她的主持四平八稳，与别人没什么不同，好处是从不出错。可是总有那么一两处，让你觉得她分外闪耀，这样“灵光一现”的地方，往往就来源于董卿对细节的处理。也就是这样的细节，才让你倏忽被她打动，“董卿”这个名字也就被记住了。

第一次深刻认识董卿，是在春晚上。那时候董卿已经是央视的熟面孔，是我们眼中的知名主持人，但在我眼中与其他名嘴也没什么差别。可是在春晚的一个小品之后，当主持人进行点评、交流时，我才发现董卿是一个在细节处都能体现修养的人。

当时，小品的主题涉及了老年人的阿尔茨海默症，也就是俗称的“老年痴呆”。大多数人只知老年痴呆，并不知它的学名，所以演员也好，主持人也好，都或多或少地用了“痴呆”这个词形容。

然而，这并不是一个令人听了之后感到舒服的词汇。尤其是对患有阿尔茨海默症的老年人来说，被这样称呼其实是一种冒犯。只有董卿，从一开始就在用“阿尔茨海默”来代替“老年痴呆”这几个字，尽力给每一位观众传递温柔和尊重，而不是无意间的伤害。

能做到这一点，可以看出她是用了心的。在细微之处尚且如此温柔体贴，既是董卿的修养使然，又是其对细节的把控能力。

一个人连细节都可以做好，说明她不仅有能力，而且有想法，在细枝末节上也愿意下功夫。很多时候，这些细节都不会被观众看到，在功利主义者眼里只怕是毫无意义的付出。只有真正热爱这个行业，愿意把事情做到最好，才愿意在一些看不到的小地方上下苦功夫。

然而任何功夫都不会白费。只要是做到的，都会被人们看到和记住，哪怕此时此刻没有，也总会遇到这样的机会。

譬如，你能看到的是董卿在关键时刻机智救场，创造了诸多随机应变的“黄金时刻”，但你看不到的是她一遍遍对台本、做彩排，在心中将可能发生的问题和情况都进行了预设。有千万次的准备，才有了这一次在舞台上的表现，而在这之前，她做的都是别人眼中毫无意义的付出，是深藏在舞台之下的功夫。

在《中国诗词大会》上，董卿因为自己深厚的文化底蕴俘获了一众观众。人们惊喜她能即兴而来，随口说出隽永而符合情景的诗词，但却不知道这都是董卿数十年如一日的用心积累所致。在看不见的地方，她会对着台本悉心雕琢，往往一看就是一整天。其实，台本的节目内容就是那么些，董卿早就能倒背如流了，但是只要自己还能继续斟酌，她就一遍遍去修改串词、一点点设计走位和动作，还要预设各种突发的情景，以保证任何情况下都能呈现完美的节目。

你可以有天生过人的智慧，但一定要经过无数次的练习才能做到完美。董卿用自己的自律和自我苛求，向我们展现了一个主持人所能做到的专业极致。

任何一个行业要做到顶尖都是如此，细节才会决定成败。注重细节，首先要将实力先提升到一定标准。在优秀的基础上加强细节，才叫作极致，若是基础打得不好，太重视细节反而是本末倒置。

如同建造一间屋子，地基打得马马虎虎、整体构造差强人意，却用心去雕饰墙壁砖瓦，不过是粉饰过度而已。只有先将基础打好，把其他能做的都做到标准，再去追求细节的雕琢才是锦上添花。

有些人就是过分追求细节，反而忽略了本质。譬如“有小节而无大义”之人，基础的道德修养都没有，却雕饰外在的“素质”，对细节斤斤计较，这就是精致的低素质表现了。真正的有修养，是先有一颗温柔宽容、理解善良的心，有良好的道德基础，再有优雅得体的举止。

这样的修养，自然会在细节之处熠熠生辉。如同董卿，对别人的尊重往往都是不经意间流露出的，如称呼“阿尔茨海默症”的体贴和善意，就不是刻意表演能做到，而是来源于自己真正的素质基础。

注重细节是要自我监督的。很多时候，我们不是做不好，只是懒得做好，毕竟马马虎虎也可以交差，为什么要为难自己呢？然而敷衍对待别人的态度，他人未尝不会感知到，只不过没有说而已。

所以，外在也许对我们没有太多要求，但我们应当实现自我监督，甚至是自我苛求。大到做人小到做事，都是一样的道理。

做产品往往就是赢在了自我监督上。如苹果公司，现在的成功就来源于将自己的产品做到了极致，用细节赢得人心，仅仅是几个小地方都能透露出他们的心思，顾客自然能感受到重视和付出的值得。

注重细节是长期坚持的下意识表现。很多时候，细节做得好并不是我们有心而为，而是长期坚持之后的潜意识行为。所以说细节暴露本质，越是容易被人疏忽的地方，越能看出一个人的本能选择是什么。那是否意味着，我们不必去关注细节了呢？

恰恰相反，这意味着我们要改变自己的"本能"，让自己在潜意识里就能做出最正确的选择，长期坚持是唯一的办法。只有长期关注细节，才能在细节上取胜。

做好细节并不容易，它源于积累和坚持。

6. 把任何一种经历，都变作不虚此行

人的任何一种经历，回首来看都可以化作“值得”二字。好的经历固然值得珍藏，那些看起来不怎么理想的经历，一样会教给我们一些东西。

我曾见过董卿写给粉丝们的寄语。别吃惊，在舞台上的她虽然看似离我们很远，但生活中的她却也离我们很近，是芸芸众生中的一个，也是我们关切、同样关切着我们的人。正因为关心着喜爱她的观众，她才会将自己阅读、观影的精彩之处摘录下来，分享给大家。

字如其人，她的字写得飘逸灵动，非常漂亮。而董卿摘录寄语的一个细节也很有趣，她将所有的文字都誊抄在了一张纸上，正面写不完就写在反面，一个十分节约的习惯，却是下意识的反应。

修养之处，细节足以体现。

让我感慨的是，董卿所摘录的最后一句，是苏轼的名句：

“回首向来萧瑟处，归去，也无风雨也无晴。”

这句话是苏轼在跌宕起伏的一生中，始终保持淡然高华的写照，也是董卿于自己人生经历的有感而发。对我们而言，亦是如此。

人活一世便如草木一秋，有万物生发、欣欣向荣的春，也会

经历萧瑟枯败、零落成泥的秋，有波澜才有趣味，若是一辈子都一帆风顺，也是一辈子都平淡如水了。

所以，任何一种经历都是可贵的，我们唯有做一件事，便是面对往事的时候保持一颗淡然的心，不论过往是雨是晴，都不动摇初衷，不感伤悲哀，只要走过就将其变作不虚此行的经历。

写出这句词的苏轼，便是如此。在我心中，诗中李白、词中苏轼，豪迈旷达者首推其二人。很多人羡慕苏轼，词写得好，活着是一代大家，去世也万古流芳，家族才人辈出，还会享受生活，应当是人生赢家了。

然而苏轼的一生，不过是被自己过得风生水起罢了，换任何一人来，都会活成郁郁不得志的悲剧。他有才有能，却跟朝堂朋党交恶，不论谁掌权都要踩他一脚。所以，即便有无数人青睐苏轼，连太后也是他的“迷妹”，他还是官越做越小、地方越贬越偏。

最穷困的时候，苏轼房子要自己盖，粮食要自己种，吃不起肉，他就吃当地人们不爱买的猪肉。猪肉做不好有异味，他硬是自己琢磨出了好吃的做法，这就是“东坡肉”了。

这样困苦的一生，却被苏轼化作了人间的一场游乐，他走过的每处“穷山恶水”，都被他发掘出美来、都被他玩出花来，一生被贬谪流放，却也用一生在漫长的历史上书写了璀璨。

他来过，且不虚此行。

董卿用这句话寄语，实在是再合适不过。我们的一生，最高境界莫过于“回首向来萧瑟处，归去，也无风雨也无晴”，一生波澜淡然处之，只要把握当下，在任何一种境况下都活出意义来，也就是了。

好的一生，是在度过困厄之后，还能留下什么。困苦的生活，给大多数人留下的都是刻骨的伤痕，但有些人却将伤痕写在心里，化作阅历。谁不会经历磨难？差别是，你在磨难中是否学到了什么，是否学会了保护自己，是否变得更优秀、更有能力。学会了，未来的磨难也就不过是小水沟，可以轻松跨过。

如同民国时的名门闺秀郭婉莹，也曾在十年动荡时期备尝艰辛。曾经的她住洋房、有司机接送，动辄以银器盛着英式下午茶招待朋友，但那时她却不得不上街吆喝卖菜、在寒冷的冬天挖河泥、在下放的地方刷马桶。

那些前半生没做过的都做过了，甚至平常人都忍不了的她也忍了。曾经写字画画、翻译英文的手，在寒冬中泡着凉水，生了冻疮，但她也没叫过一声苦。

面临比别人更多的工作，面临来自领导者的挑剔和为难，她选择了忍耐。后来，她重新回到了安稳的生活中，可以平淡度过晚年了。

走过了最黑暗的时期，她却从未抱怨过曾经，而是说："现在我有非常丰富的一生，那是大多数人没有的。"

甚至，她连挖河泥都是主动申请的。那时候，谁对这样的工作都是避之不及，男人尚且不愿意去，更别说是力气小的女人，而曾经是大小姐的郭婉莹，却上赶着"找麻烦"。

很多人说，她是不是疯了，故意折磨自己？她却很简单地说："我从没做过，只是好奇。"在困苦的生活中，她学会了用另一种思维来看待人生。虽然现在做的一切都那么辛苦、那么折磨人，可谁又说这不是有意义的呢？人的一生可以多尝试，不同的劳动未尝不是一种新鲜的体验。

在苦难中她也懂得寻找新鲜感，所以别人看来是折辱，她却主动去做，只为人生的不虚此行。

任何一种经历都可以是“值得”的，单看你如何度过。

好的一生，是懂得在平淡或困境中，寻找机会，寻找快乐。积极生活是一种心态，再困难的生活、再平淡的日子也一样有美好的一面，只是很多时候我们太累了、麻木了，不愿意去看到，也就失去了一种快乐。

而积极生活也是一种能力，是始终能让自己走到正规、追逐理想的能力。眼前的日子可能有些平淡，但你完全可以跳出这个怪圈，让自己活得有趣味、有意义起来。就像在过去的很多年里，董卿都会选择去挑战，去陌生的环境做更有价值的工作，这让她从来没有落入平淡之中，每一天都丰富多彩。

寻求这样一种生活，每一分每一秒就都变得有意义了。

7. 董卿：不懂害怕，也不要后悔

《朗读者》第五期的主题是“第一次”，在这一期，董卿说了这样一段话：

“他们说人生有六个字，‘不害怕’后面还有三个字‘不后悔’，努力去做吧！”

因为不懂害怕，才敢去挑战别人看来不可思议的庞然大物，才有机会取得别人所不能取得的成就；因为不会后悔，所以才会将人生的每一段经历珍藏，不像他人一样始终将某些错误挂在心上，导致后来的路走得畏首畏尾。

只有懂得了这六个字，才懂得人生应当如何度过。

我想董卿在分享这些关于“第一次”的故事的时候，说出的这句话也应当是她的内心。她向来都是一个十分勇敢、不懂害怕的女人，年少的时候她还不是个有名的主持人，但硬是能为了一个新电视台提供的机会，就收拾好行囊放弃曾经舒服的环境，跳槽乃至北上北京。她不害怕观众不认自己，因为她有自信，未来的日子里她一定可以让观众重新印象深刻。她害怕的是在一个小的圈子里过于满足，走到顶端了，无法突破自己，让自己未来的一生都将原地踏步。

正因为不懂害怕，所以她才能不断突破天顶。如此一来，董卿才能在这几十年间先是坐到了主持人的顶峰，又开始涉猎制作节目，进而也做出了令人拍案叫绝的综艺。

《朗读者》，就是一个颠覆了人们对于综艺节目认知的存在，原来文化也可以做得如此精彩，也可以赢得这么多观众的赞美和欣赏。

一开始董卿做这个节目，只是源于一个想法。她喜欢阅读，所以就想通过阅读的方式，将故事里面的生动色彩和文化传递给别人，让观众也能够从中领会到什么。

那时候董卿的想法很简单，想做节目就去做，做好了节目就可以放到台里去播。她不知道，做节目的流程远比自己想象中复杂得多，哪怕过去的十几年里，她都在节目中浸淫，但位置不同，考虑的事情就不同，所以一个主持人并不明白制作人要面临的艰辛有哪些。

通过一整年的时间筹备节目，董卿把过去不知道的问题都经历过了，多少年没吃过的苦也都吃过了。一个节目想在央视播放，要解决的问题千个百个，单单是经审批走流程就要花费莫大的精力。这些事情过去董卿从来不关注，也不关心，现在却要事事亲力亲为。

我想要是很多人知道自己的想法过于简单的时候，面对前方的种种挑战，大抵就开始害怕，准备退缩了吧。但是董卿并没有这样，开始做她就决定做到底，哪怕最初的想法那么幼稚简单，她也从来不懂害怕。

显然这样的选择是成功的。不过我想就算这个节目做得并不成功，或者在观众当中引起的反响并不大，董卿也绝不会将自己付出过的精力和时间看作是白费，也不会因为过去的这段经历而感到后悔。她早就做好了节目不受欢迎的准备，所以能够坦然看待成败。

回顾过去筹备节目的一年，是辛苦的，这毋庸置疑，但董卿却评价为“一切都刚刚好”。她说，万事万物都有自己的命途轨迹，一个节目也是有生命的。《朗读者》也许就是一个慢热的生命，需要人们先投入大量的精力和心血，随着它一起悲喜，最终才能让它发出光芒来。

还是那句话，所有的心血都不会白费，所以任何时候都不必害怕，也不需要后悔。

小的时候我就知道这世上没有后悔药，后悔是最没有力量的一种情绪。因此我告诉自己，不要后悔，做错了可以改正，我们所经历过的一切都是值得的。做事如此，在感情上也是如此，我曾经告诉男友：“不管将来我们能否在一起，我都不会后悔与你度过的时间。”

否定了这段感情，也否定了对方，不就否定了过去所付出的青春和时间了吗？再惨烈收场的感情，也曾经有过美好的时光，那些幸福不是错误的。所以我始终不愿后悔，哪怕时间告诉我，我的选择是错的，我也愿意在将来想起那些好的片段，告诉自己——我不后悔。

每个人的人生经历都是特殊的，正因为这些好的坏的经历，才构成了我们的过去，才变成我们现在的样子。所以后悔的时候往往就是在否定我们的过去，否定自己的人生，这多少都是一种遗憾和伤害。

就是因为有些人总是后悔，所以才不愿意去尝试，因为他们怕自己将来会后悔。多有趣呀，这不是一个怪圈吗？也许你现在不尝试将来才会后悔呢！害怕与后悔，往往是一对双生子，错误的选择会让自己后悔，所以他们害怕，又因害怕而失去机会，所以后悔。

无畏，就是既不担心自己的选择是错误的，所以在任何境况下，都可以一往无前，大步前进，也不后悔自己曾经走过的路，不怕自己虚度了人生。

没有应当不应当，即便我说了你应当勇敢，也不过是口头的建议，然而大多数人都不可能做得这么完美。每个人都逃避不开害怕和后悔二字，我们唯一能做的就是让自己无畏，让自己在害怕和后悔的时候，有驱散这些情绪的能力。

不害怕和不后悔，基础是对自己的清晰认识。正因为你知道自己是怎样的人，才有自信支持自己的选择，才不会因为别人的流言蜚语而动摇，亦不感到犹豫。许多人就是因为不认识自己是怎样的人，所以连自我都不能相信。自卑是害怕和后悔的源泉，自卑的人总喜欢怀疑自己、追究自己的责任，遇到事情往往不能坚定，明明不是自己的错误却总是自我反省。所以他们更容易滋生害怕和后悔的情绪，更缺乏成就自己的勇气。

不害怕和不后悔，需要以冷静的状态做前提。一时的冲动也往往会让你失去惧怕，但这样的不害怕也许导致的是胆大妄为；在冲动之下，做什么都不后悔，但真正冷静下来你可能会崩溃。很多人之所以在激情之下伤害了别人，就是因为当时自己的冷静太少，但勇气太多。所以只有以足够的冷静作为前提，你才可以称自己的选择是不害怕也不后悔的。

说起来容易，但真正能够做到对待前路不害怕、看待过去不后悔是多么艰难！唯有一颗坚定的心，方能有始有终。

第 四 章

你努力工作的样子，真好看

1. 不做餐厅里的淑女，做挽起袖子工作的女人

做淑女很容易，只要学会优雅地享受生活就可以了。但要做一个挽起袖子工作的女人，在工作中保持一份优雅和深度却很难。

可真正美丽的，恰恰是这些在自己所专长之处努力创造价值的人。因为智慧和付出，所以让她们更美。

如果董卿想的话，她也可以做一个餐厅中的淑女，毕竟她是那么美丽优雅、内外兼修，就是名门闺秀的模样。很多娱乐圈中的女星或者女主持，都在自己在事业上功成名就、光环加身时候，选择了退隐，选择找一个优秀的另一半，从此成为一个妻子和母亲。

然而这往往会让我疑惑——难道嫁入了豪门就实现了自己人生的价值吗？难道成为一个妻子和母亲，就足以耗费自己全部的精力吗？为什么这些女人在婚姻之中完全牺牲了自己，从此不再有自己的事业？

我认为这有些对不起她们前半生的努力，好像过去所有的奋斗、汗水和独立，都是为了给嫁入豪门增添一些筹码。

董卿就不一样，不管在她婚前还是婚后，都始终以一个职

业女性的面貌出现在大众面前。即便有些时候，她选择退隐，也是因为自己想要这样做，也是为了更好的实现和沉淀自我。

她始终懂得工作的意义，也始终在用自己的努力和汗水证明自己，而从不依靠别人。所以我们谈起某些女星的时候，最津津乐道的就是她嫁的多好，谈起她的感情和物质生活，但在说起董卿的时候，所有的话题都会聚焦在她自己身上。

也许前者比董卿嫁得更好，但我们尊重的永远是董卿这样的人。她们从不因为自己是女性，就对自己降低了要求，也不因为自己嫁了怎样的人就决定牺牲事业。她们始终在证明自己的价值，凭借的就是完完全全来自自身的努力。

“不做餐厅里的淑女，做挽起袖子工作的女人。”这句响当当的话，来自英国哈里王子的未婚妻梅根·马可。

若说现存的皇室之中哪个风头最劲、影响力最大，莫过于英国皇室。同样要嫁入英国皇室，门槛也是非常高的，出生于富裕家庭的戴安娜不也被称为“平民王妃”吗？跟贵族比起来，我们眼中的“白富美”并不值一提。

然而哈里王子的未婚妻梅根却是一个看似平凡的女人。二婚、年长、美国人、混血，还是一个三流性感影星，这些标签叠加在一起，谁也没有想到她会成为未来英国王室的成员。

可我却觉得，她靠自己的双手赢得了今天，也值得这样的回报。

36 岁的梅根，比哈里王子还要大三岁，这个年纪的她已经有过了一次婚姻，在传统观念里无论如何也不是一个很好的选择。

莫说是嫁入英国王室了，放在中国，一个普通家庭的长辈都可能对她挑三拣四。

然而，她是一个十分上进的姑娘，我想这与她的家庭也有一定关系。梅根出生在洛杉矶的贫民区，年幼的时候，父母就离婚了。单亲家庭并没有给她带来太大的负面影响；相反，梅根的母亲本人就是一个非常强悍的女人，也用这样独立和上进的态度，影响了自己的女儿。

失去了丈夫的依靠，母亲并没有一蹶不振，而是选择尝试了各种各样的工作，还在工作之余，读出了社会服务学硕士的学位。可以说，梅根的少年时期之所以过得无忧无虑，与母亲为她撑起了一片天有很大关系。

有这样的母亲，梅根自己也十分独立，并且懂得一个女性的价值。她是个有天赋的姑娘，也是一个骨子里的女权主义者。11岁的时候梅根就曾经给希拉里写信，抗议那些洗洁精广告中对女性的歧视。凭什么在洗洁精广告里，要用各种女性形象，喊着“美国妇女正在与油腻的洗碗精做斗争”？难道家务就不应该成为男人的责任吗?

这封信得到了希拉里的回应，很快洗洁精广告就改变了内容。权利是靠自己争取来的，梅根从小就明白这句话。

争取权利、获得尊重不仅仅是口头上的，更应该付诸行动，所以梅根始终都是一个非常努力工作的女人，因为付出过，才能理直气壮地为自己争取。

别看人们常常以她性感影星的经历而诟病她，其实梅根的履历并不简单。她大学的时候就读于美国的私立名校西北大学，在这里她学了两个影响自己后来人生的专业，分别是戏剧和国际关系。戏剧是自己的爱好，而国际关系是自己想要发展的职业，梅根从一开始就有着非常明确的想法。

毕业之后，她先是在联合国总部实习，又去了美国大使馆工作。在从事国际关系的工作时，梅根始终不忘关注女性权利，做了不少倡议和事情。

也许在别人眼里，她已经足够成功了，但是梅根自己却并不满足于现状。她总是一个那么有想法的姑娘，明明前途无量，却因为觉得在政府工作太过于约束自我，转而投身到了影视领域中，成为一个演员。

后来她身上演员的角色又变了，加上了一个更加闪耀的标签——哈里王子的未来妻子。不过这大概是英国王室里最格格不入、个人特色最重的未来王妃了，人们更多地会关注她个人的特点，而并非只是一个王妃的头衔。这说明，她还是一个鲜明的独立女性。

做一个在餐厅里吃着下午茶、掩面而笑，温文尔雅的淑女，其实并不难，环境如此，只要你稍稍注意言行，都可以拿起腔调来。说直白些，享受生活谁不会呀？我们每个人都可以在享受中成为最优雅、最挑剔的贵族。但真正有价值的人，都是在工作中体现自己的价值，你的优雅是不是真正经得起考验，也要放在工作环境当中来看。

一个独立的女性是永远不会失去自己的事业的，她们不会成为单纯的别人的附庸，而是永远以独立的人格存在。

2. 深度决定高度，眼界决定境界

一棵树要长得高壮，根就一定要扎得深。一个人也是如此，只有足够的深度才能决定你走到的高度，是你的眼界宽广与否决定了你的境界。

我想董卿之所以能够做出《朗读者》这样关怀人性的节目，就是因为她有足够的深度，所以才能谈论到如此的高度。

她的深度来源于多才多智。董卿的才华是毋庸置疑的，不管是在节目当中的机智救场，还是在《诗词大会》上展现出的国学底蕴，都让你明确认识到，这个女人绝不仅仅是一个优秀的主持人而已，她拥有着更多的才华，如同宝藏，等待你去发掘。

董卿的智慧也是不必怀疑的。她喜欢阅读，而阅读能够让人学会思考，真正让人增长大智慧。即便到现在，董卿也从来都没有放弃过自己阅读的习惯，她的卧室里没有任何电子产品，每天睡前只要读上一会儿书数就够了，一个小时雷打不动的阅读时间，是董卿坚持了几十年的。积沙成塔，积水成渊，长年累月的阅读，让董卿的思维比别人更清醒、思想跨度也比别人更广。

正是因为有了智慧和才华，董卿才能够把握出好的节目，将《朗读者》做得深入人心。看一看节目请来的嘉宾，每个人背后都有一段故事能够打动你；听一听节目选择的主题，每一期都能够赢得你的共鸣。我们的人生中，最珍贵的是每一次“遇见”，感恩每一次遇见的人和事，让我们终究走到了今天；最难忘的是每一个“第一次”，第一次是开始，是我们迈出的第一步，也是印象最深的时刻；最不同的是每一条“路”，走什么样的路决定了你将成为什么样的人……每一个主题都是关于人生的思考，让我们在这个浮华的年代里，能够有那么一刻沉静下来，去思索关于生命的意义，去探寻自己的价值。

其他的综艺节目还在致力于让我们简单发笑的时候，还在卖惨卖感动让我们流泪的时候，《朗读者》以一种震撼心灵的姿态走入了大众眼中。它没有什么定位，既不用眼泪来衡量这期节目是否成功，也不以笑声来判断观众是否热爱。它只是单纯给你讲述一个关于生命的故事，如果你恰好是听众，就能从中获得些思考，这就是所有了。

然而一个能够让人学会思考的节目并不多见。我想董卿之所以把做节目从“调动观众情绪”这个层面延伸到“引发观众思考”上，就是因为她本身是一个乐于思考的人，所以明白其中的意义。能够做到这一点，本身就要有足够的深度和魄力，思想深度让她有了这个想法，而魄力让她将这个想法付诸实践。

最终，节目也证实了——董卿是个成功的制作人。

能够走到今天的这个高度，正是由于当初做节目的时候足够有深度。若只是一个追逐热点的想法，最终做出来的节目往往浮于表面，正是因为董卿下了苦功夫去准备、去琢磨，才能做出富有中国特色的原创节目。

你能走到怎样的高度，由两个因素所决定——深度和眼界。

有深度的人，就像冰川一样活着，表露在外面的永远都只是微小的一部分，而埋藏在水下的庞大躯体才是他们真正的实力。董卿就是一个这样有深度的人，当她作为一个主持人的时候，我们觉得已经足够优秀，却不知道，真实的她远比主持节目时更加复杂深刻，是个有思想、有才华的女人。

你会发现，深度是让我们厚积薄发的基础。有深度的人不喜欢炫耀，不会将自己所得的所有筹码都放在别人面前。他们喜欢积累和学习，却并不功利，不会将所有自己懂得的东西都变现，只是享受这种过程。正是这种下意识不功利的积累，才能在未来的某一天让他们爆发出惊人的实力。

而眼界则决定了我们能够走多远。我们所能到达的地方，最远也不过目之所及之处，若是你的眼界不够宽广，就相当于给自己人为规划了一个天顶，无论如何努力，往往都无法突破心里的防线，是走不出自己所画的这个圈的。

只有足够有眼界的人，才知道自己能够努力并且到达怎样的程度，这样他们才拥有一个更大的舞台来展现自己，才会不断前进，而且永不满足。因为他们知道还不够，自己完全还可以做得更好。

很多人都说，阶层的天顶现在越来越难以突破。一个人可以很优秀，但个人的优秀，往往只能将他送到这个阶层的顶端，再往上便千难万难。我想之所以如此，除了资源的限制之外，更多的是被眼界所束缚。正因为我们在所处的环境之中，看到的不过是眼前一亩三分地，所以再优秀也不过是在这个范围内打转。突破眼界所限是多难的一件事情，唯有将眼界变得更加宽广，才有发展的基础。

做一个有深度、有眼界的人，我们才能够让人生的维度变得更加复杂，把同样有限的时间扩宽拉长。

深度来源于思考，眼界来源于见识，想要增长它们，学习是永远不可停止的。不断学习的人才在时刻前进，每每学到新的东西，就意味着对过去的自己完成了跨越。

而阅读，是一种学习的一种方式。董卿就习惯于用阅读来让自己积累，而量变引起质变，长年累月的阅读能够让她不断前进，甚至从根本上改变自己，让自己变成更好的人。董卿的阅读习惯已经到了一日不读书就觉得不舒服的地步，阅读本身就是一件这么有魅力的事情。

若想提升自己的眼界，让自己的根可以扎得更深以获取养分，不如就先从读书开始吧！

3. 脱颖而出的秘诀，是走出舒适区

在很多人谈论效率的时候，都会讲到一个天敌——舒适区。

每个人都有自己的舒适区，在这个模式下做什么你都会觉得很舒服。所以无形之中就有了一种阻力，阻碍我们走出舒适区，在舒适区之外的很多行为，都会让我们觉得非常难受、难以适应。

所以挑战舒适区，就成为改变和前进的必然选择。优秀者往往都善于走出舒适区，不断扩展自己的舒适区，所以才能如此强大，董卿就是这样。

这与董卿的家庭背景有着密不可分的关系。董卿的父亲是从农村走出来的大学生，复旦大学毕业之后在报社担任主编，可以说是“知识改变命运”的典型。因为自己的经历，父亲深信一个人的命运应当也可以掌握在自己的手中，能够走多远、活成什么样子，全看自己能有多努力。

所以幼时的董卿总是被父亲严格教导，是父亲在不断逼着她走出舒适区，去做自己可能不那么喜欢的事情，去迎接严苛的挑战，然后逐渐适应。这种扩展舒适区的习惯，就是董卿从小养成的。

谁不喜欢待着舒服的环境里，每天晚睡晚起、悠闲度过一天？谁不喜欢过懒散的日子，而是要劳累拼命？但是董卿从小就不被允许偷懒。她必须每天早起，先跑一千米，然后开始学习。平时

家里洗碗、擦地这样的工作都被董卿包揽了，父亲认为劳动可以让董卿学会自理、自律。

董卿长得漂亮，一般来说女儿长得好看，父母总是更加骄傲的，但董卿的父亲却不想让她以此为傲。皮相的美貌不能代表一切，一个人要独立自强、把握命运，就一定要拥有站得住的能力。在这之前，过于关注外表也许并不是一件好事。

为了让董卿将所有的精力都放在内涵提升上，父亲不仅不爱夸赞她，还喜欢打击她的外表。父亲甚至故意贬低董卿的外表，称她是长相平凡的马铃薯，说“马铃薯再打扮也还是土豆”，想要让她放弃对外表的关注，多把心思放在读书上。

所以，董卿甚至会因为外貌感到些许自卑，这让她如同父亲所希望的一样，将所有对外表的关注都转移到了对内在的提升上。她不把时间花在自我欣赏、自我陶醉中，而是用这些时间去读书、抄写古典诗词，拼命丰富自己的精神。

年少的时候，董卿不明白，自己为什么要比别人辛苦那么多，她也不理解父亲对自己的高压管理。但是长大之后，她却说“父亲说的都是对的”。一个人若是永远待在让自己舒服的环境中，就永远都不愿意迈出去经受风雨，也就谈不上成长了。正因为她始终在自己不适应的环境中攀爬，才能走得这么远。

在一次采访中，董卿说：“谁也不可能在生下来就好像以坚定的革命者的面貌出现，谁都是从那么娇嫩开始成长起来的：任性、偷懒、喜欢享乐、喜欢美好的东西、喜欢被人疼、宠爱……但是不知道从什么时候开始，我就慢慢变得越来越坚定了，愿意吃苦，愿意在压力中抗争，锻炼自己的抗压能力。”

成长就是如此。其实，她曾经也是一个平凡的姑娘，也不是一开始就优秀、自律、聪敏机变的。但是漫长的时间里，当你还躲在舒适区原地瞭望的时候，她已经走到了我们看不到的远方。

说起自己的变化，董卿说，是因为她始终记得“人应该靠自己”。没有人可以永远待在安全区里不思进取，因为没有永远的安全。一个人想要站得稳，不应该靠安全的环境，而是要始终靠自己。正是有这样的想法，逼着她不断向前、不断改变，始终在更广阔的天地中翱翔，靠自己赢得庇护。

你也应当知道，我们每个人都是如此，父母、夫妻、子女……没有谁是可以永远依靠的，父母终归会老去，爱人可能面临分离，子女拥有自己的生活，你能依靠的只有自己。

而过去的付出，不可能永远庇护你。一个人若是不思进取，只想用老想法、旧能力来活一辈子，终归会被时代所抛弃。比如，几十年前的互联网尚且还是个新事物，现在也已经成为生活中不可或缺的一部分，若是一直固守过去的思想、对新事物毫不学习毫不了解，现在连出门都是寸步难行的。

世界在变化，我们能够清晰地感受到这一点。所以，我们也面临前所未有的挑战，必须要时刻向前，而且走得快一些、更快一些，才不至于被时代所抛弃。跟随世界的变化，不断迎接挑战、接触新鲜事物，成为一种必然。

这让我们不得不走出舒适区。

很多人不愿意主动走出舒适区，因为大多数时候这都意味着“自找麻烦”。对一个语言能力不佳的人来说，要求他去学外语就是在把他推向舒适区之外，学习的每分每秒都会让他感到煎熬。

但是，人的适应能力很强，他终究能适应这样的节奏，而这就是潜移默化之中将舒适区扩展的表现。

最终，他会学好一门外语，甚至能体会到其中的乐趣，此时学外语就被纳入到舒适区之内了。若我们能一直站在舒适区的边缘扩展它，也许一开始会不太舒服，但回首背后，会发现已经攻克了千难万险，大多数事都难不倒我们了。

这就是走出舒适区的意义。它让我们接触到更多，在风雨中经受更多，也逐渐成长为更有包容性的人，成长就意味着如此。

4. 懂得责任，才有属于自己的精彩

忘记是谁告诉我，一个人成熟的标志是懂得了自己的责任。

能够肩负起责任，本身就是一件很了不起的事情。大多数人不成功，不是因为不优秀，而是因为连自己应该负起的责任都没有完成，更不要谈优秀与否了。能够懂得责任、负起责任，已经是一个挑战。

董卿能活得如此精彩，是因为她懂得负起自己的责任。

做主持人的时候，她总是将最好的状态留给观众，这就是身为主持者的责任。想要主持好一台节目，可不仅仅是录制时辛苦几个小时就可以做到的，准备、磨合、彩排，若是节目周期比较紧凑，长期早起晚睡、时刻投入工作中都是常态。对董卿来说，从清晨背台本到傍晚，再加班彩排已经是习惯了，但是不论多么疲惫，在镜头前的她永远都是一副神采奕奕的模样。

可能台下采访的时候，她的思维都有点迟滞了，但只要站在舞台上，你就能见到一个最精神的董卿。舞台就是她的生死场，只要站在上面就是拼尽全力，如同自然界里一头敏捷的猎豹，随时准备扑杀猎物，董卿也时刻警惕着任何可能出现的问题，随时准备见招拆招。

长期保持这种状态，是一种敬业的表现，也是董卿对于主持

人责任的坚守。

做制作人的时候，她就肩负起一个制作人的责任。其实，制作一档节目的过程远比董卿一开始想象中的样子要难很多，面对意料之外的困境，她不是没有想过放弃。

她说，自己也动摇过，是否要做这么一件可能费力不讨好的事情。也因为制作工作的繁重和巨大的压力感到疲惫，甚至因太累了而哭泣。也因为别人做不到自己的要求，着急地怒吼，风度全失。这些让人觉得有些不堪的状态，她并没有回避，而是坦然承认——都有过。

但即便是这样的状态，她还是没有放弃，因为她知道自己还有责任。有一个身为制作人的责任，接下了这个担子就要对整个团队的工作负责；有一个身为电视人的责任，要将好的节目带给观众、满足观众对文化类节目的需求。

这种责任感，让她始终有一种向前走的力量，让她不愿意放弃。

董卿曾经在节目中说过："所谓的勇气，是你在认清了生活的真相之后依然热爱它。"越是千帆阅尽，越容易失去一往无前的冲劲和勇气，有些事情了解过才知道并不如表面那么光鲜容易。此时支撑你咬牙坚持的，除了那一股子热爱之外，往往就是责任感了。

有了责任感，就难免有了束缚，让我们在做出决定的时候考虑得更多。责任会让我们变得小心，但同样，也让我们能咬牙坚持、有始有终。

懂得责任，对很多人来说都是迈向成熟的一个标志，因为你将名为“责任”的枷锁心甘情愿戴在了自己身上，从此负重前行。懂得责任，是你知道背负的选择不仅仅关乎自己，还关乎别人，所以更加谨慎、包容。懂得责任，其实就是明白了它的意义有多么重要之后，还愿意将它扛起来，是一种最难得的勇气。

会负责的人，能先做好自己的事。常常有朋友跟我说，自己要做多少大事，我总是先说一句话：“把你现在的工作先做好。”其实，一个人能把分内的事情做好已经是一种成功，也是殊为不易的。学生时代，很多人都想做出一番事业来，什么大学生创业也好，抑或是参加校内活动、实习也罢，其实这都是锦上添花，真正重要的是将大学生的本分做好，把课上好就够了。

有一位大学校长曾说过，我对学生的要求不高，只要你能把课上好，把该学的东西学到，其他时间再享受享受大学生活，你就足以成为优秀的毕业生了。

而大多数人，连最简单的自己的本分都没做到。这就是一种赤裸裸的不负责，既不对自己的身份负责，也不对自己的未来负责。

做好自己的事情之余，才应该去管好我们力所能及的事。身为母亲，我们不仅要将自己的日子过好，还得给儿女带来一个丰富的童年，这是母亲的责任；身为女儿，我们需要关怀年迈的双亲，回报他们为我们付出过的关爱，这是子女的责任……要成为庇佑别人、领导别人的人，你都要学会对他们负责。

责任其实也是从小到大不断达成的，最好的形容便是那句古话“一屋不扫何以扫天下”，先独善其身，继而修身齐家，接下来才是兼济天下。若是你觉得前两件事情做完还有余地，便可以关怀天下人了。

董卿做一个有文化情怀的节目，就是在思想层面上“兼济天下”。走到她的高度，思考的往往不仅是自身的喜怒哀乐、个人的职业发展，而是开始考虑影响社会的事。她选择将自己多年来对于人生的感悟传递给观众，选择用“朗读”或者“诗词”的方式，去勾起我们关于文化的思考，引起我们关于人生的体悟，这就是她在履行自己的社会责任。

我希望，我们终究有一天可以成为心怀天下的人。这意味着，我们已经有足够的能力对自己、对家人的生活负责了，也有情怀和思想能在这个世界上留下些什么。

活得好一些，也让别人活得更好，这便是你我共同的责任了。

5. 正视错误，才能被人尊重

承认自己做错了，对很多人而言是一件非常艰难的事情。

人们常常陷入到这样的误区中——自认做错了事情，是一件丢人的、会被耻笑的事。所以哪怕心中明白自己不对，他们还是要咬牙坚持、永不低头，一派死不认错的模样。

其实，承认错误也可以作另一种解释，至少此刻的你知道过去的自己错了，就比上一刻更聪明一些。

董卿就是这样一个聪明的女人。她不似大多数人一般，喜欢听赞美和追捧，而是关心那些批评建议，并且时刻善于自省。承认错误，在她眼中并不是一件折辱自己的事情；相反，她会因为有错却不能向对方道歉而惴惴不安，一定要说出来才能松口气。

认错之后，就是专心的提升和改进。

董卿的主持生涯中，亮眼的瞬间很多，但错误很少。也许就是因为错误太少了，所以每次出现都会引来人们极大的关注。若说起最大的失误，应当是2009年春晚上的一次口误。

那一年春晚，董卿一如既往地参与主持报幕。在为相声《五官新说》报幕的时候，董卿将“马季先生的儿子马东”这句话，错误地说成了“马先生的儿子马季”。

这种口误是董卿自己都没有意识到的，她还以为自己正常地将这句话说对了。直到春晚结束后，完成了自己的工作，董卿才被告知——你说错了一句串词。

这个口误放在其他位置上可能影响并没有那么深，但是对观众来说，却显得董卿对马季、马东父子不是很尊重了，而马季先生这样老一辈德高望重的艺术家，在人们心中有着很高的地位。

也因此，董卿的压力更大了，面临的批评也更多了。网络上纷至沓来的恶评，都是对董卿这个"低级失误"的批判，一些网友还表示，这是一种对当事人的伤害，一定要公开道歉才行。

我不知道，在春节的晚上这个全家团圆的日子里，董卿承受着怎样的压力和自责，但她后来说起这件事时，说她哭了。因为懊悔，她没忍住自己的眼泪。

对别人来说，这样的错误也许并不值得公开道歉，但是董卿却始终记在心里，不说出来就不放心。她不仅在春晚导演组的会议上，专门向导演、马东等道歉，还在那一年的元宵晚会上，再一次在台上向马东道歉了。

她并没觉得道歉是一件丢人的事情，反而乐于当着全国观众的面去承认自己的错误，接受所有人的监督和指正。对于董卿这番重视和尊敬，马东感动极了，玩笑说："为我们爷俩的名字，董卿连年都没过好啊！"

跟很多因为犯错不肯承认，最终颜面扫地、威信尽失的人相比，董卿的道歉让她保全了体面、展现了修养，甚至体现了为人的魅力。有些时候，正视错误才能让我们赢得尊重，越是避而不谈，越是会引起议论。

承认自己过去做得不好，才是当下变得更好的证明。很多人不愿意正视错误，似乎这样就可以将“污点”从履历上抹去，其实不过是将错误压在了心里罢了。过于在意的人，才会刻意避开，不愿承认，往往就缺乏改进的动力。

所以，越是避开错误，就越容易让错误累加；越是不谈错误，其实心里越在乎、影响我们的时间越久。一两次错误远不如你想象中那么严重，真正阻碍你前行去追逐理想的，恰恰是你不愿意承认错误的选择。

不愿认错、拒绝责任的样子，真的很不成熟。

我曾遇到过不愿承认错误的人，莫说是不愿意接受别人的批评，就算旁人谈论起这件事都会引起他的怒火。最开始，他逃避自己的错误是担心丢脸、害怕被嘲笑，但这样躲躲闪闪的姿态，反而让人觉得背后有更加不可告人的问题。之后，他便看谁都觉得可疑，总认为对方背后在说自己坏话、编排自己的谣言，一来二去，曾经避而不谈的错误竟成了他心中的一根刺，难以抒怀。

其实，如果那句“我错了”能够说出口，即便未曾改进，也不会成为现在的样子。正是因为太过在意又遮遮掩掩，才把错误埋在心里闷出了问题。

若是想做一个有担当的人，应该正视错误、审视自己的错误。人无完人，世上没有人是完全不犯错的，这个事实大多数人都清楚，又为什么要刻意避开自己的错误？太在意了，别人也会跟着你欲言又止、躲躲闪闪，反而像是犯了什么大忌、惹了怎样的弥天大错一般。倒不如大大方方承认，诚心改过，绝对不会有人再关注那些小的失误。

如同当年的董卿，在春晚上犯了这样大的一个错误，影响她之后的主持道路了吗？没有，她大方认了错，把失误变成了一桩美谈，不仅之后的每一次春晚也都没有缺席，还在这几年再一次登上了事业巅峰。时间终将一切带走，过去那个让她连年都没过好的大错，现在已经逐渐消失在人们的记忆里了。留下的，都是董卿大气优雅、坦然诚恳的样子。

做错事不过是一时的，态度好坏才是关系一辈子的。以坦然的态度去处理那些错误，才能最大程度上降低错误的影响。你要知道，在漫长的一生中，此时此刻天大的错，也不过化作彼时回忆中的淡淡一笑、微微摇头罢了。没有一个错误会让我们一生沉沦，重要的是你是否能正确看待错误。

保持正确的态度，错误的后果也显得轻了几分。认错是一种改过，它不仅是你负起责任、承担失误的成熟表现，更说明态度和认识，有了后者才有了未来的一切。

6. 不做主持，也可以做自己永恒的主角

你要相信，任何时候你的角色都不必被定义，你可以成为任何样子。

迈入工作中，我们常常被现实所禁锢，变得进退两难，最终只好按照命运的轨迹前行。其实，你远没有那么不自由，所有的枷锁都是自己赋予的，并非他人。只要你想，即便不做现在的工作，一样可以在其他地方闪耀光辉，即便不做别人舞台上的聚焦点，也可以成为自己人生里永远的主角。

虽然身在体制之中，看似被央视的工作限制了不少自由，但董卿骨子里还是一个固执、独立的人。所以，她总可以做出自己自由的选择，哪怕此刻不做主持人了，也一样保有自己的骄傲，永远能寻到人生的价值。

2018 年的春晚上，一切似乎都跟往常一样，还是那些熟悉的节目、还是往年常见的面孔，反而是一向作为配角、绿叶出现的主持人，在今年掀起了一众话题热潮。

董卿作为曾经的老面孔，没有雷打不动地出现在春晚上，而是由朱迅、鲁豫、李思思组成了新的春晚女主持班子。这一消息出来，不知道多少观众呼唤董卿，又不知多少人怅然若失。

13 年的春晚主持，让董卿的形象已经跟春晚联系在了一起。

当我们回想历年的春节，总能想到董卿的面孔，或是客串小品、魔术，或是端庄地站在舞台中央，为我们呼唤新一年的到来。

连同样主持过十几年春晚的赵忠祥都打趣过，要是有一天董卿不主持春晚了，他就不看了！然而离别终究会到来，这一年的春晚上，董卿跟观众告别了。

她借官方微博之口，说出了自己内心的想法——13 年了，每一个春节她都不能陪伴在家人身边。如果说前十几年她已经给观众留下了一些美好的记忆，那就是使命已完成了，之后的人生，她想多留给家人一些陪伴。

其实，她已经越来越多地脱离“主持人”这个形象，变得多元化起来。在这条职业道路上，董卿从没想着一条路走到头，而是一直在自己能选择的范围内，尽可能地实现自己的想法、走一条自由的发展之路。

董卿之所以能如此果断、想走就走，就是因为她有足够的底气，知道自己即便不做主持了，一样能够获得一定的成就。她的果断也来自自信，相信自己的选择终归是正确的，不会轻易动摇后悔，所以才能进退自如。

能够有这样的自由，董卿也付出了常人没有的努力。

她不断学习，不断转型。2014 年，当董卿顶着诸多猜测和议论前往美国，在南加州大学学习时，她面对媒体说了这样一番话：“我依然认为生命的意义在于开拓而不是固守，无论什么时候我们都不应该失去前行的勇气。”你看，她就是这么一个闲不住的人。

所以，她在当下选择了在节日里陪伴家人，也是可以想象的。董卿从来都是这样，去追求自己想要的人生，始终在开拓崭新的生活，而不是行走在固定的轨道上。

她不需要被人定义。曾经你以为她是一个简单的主持人，她告诉你，她还可以是主持人里诗词最好的；曾经你以为她只是有才华，她却告诉你，能力她也有，编导节目一样能上手。董卿带给我们的每一个惊喜，都来自突破她个人标签的表现。正因为不断改变，所以才能不被人定义。

你也可以如此，放下当前的工作，摘掉身上的标签，一样能寻得自身价值。不论如何，你都是自己人生里的天生主角，就应该按照想要的方式耀眼地活着。

你走的道路，应该通向自己选择的未来，它是辅助我们走向梦想的东西，而不是束缚我们向未知前进的枷锁。当这条路走不通的时候，当沿途的风景看累了的时候，你就可以在下个岔路口重新选择，体验不同阶段的不同生活。

很多人喜欢走别人的选择的路，而且踏上去后就负担累累，连回头的机会和勇气都没有，这样的时光不觉得虚度吗？你过的每一天，都是不快乐的。

记住，你的心永远自由，身体也一样如此。做自己想要的选择，不是为了工作而工作，这很重要。

你不必在乎任何对自己的定义，不论它来自别人或者自身。聪明或愚蠢、倔强或软弱、懒惰或勤奋……这些标签都不是你真正的样子，你随时可以变成另一种状态。因为撕掉身上的所有标签，我们才能变成一万种可能的模样。

你的自身价值，不需要靠别人的肯定来确认。相信自己就好，哪怕千万人阻拦或不解，你也一样可以一往无前，时间会证明一切。哪怕你的选择在普世意义上确实不算正确，又如何？你做了让自己快乐的选择，当下就是值得的。

譬如董卿，总是在最风口浪尖、鲜花着锦之时选择退后一步，在名气最高、身边毫无竞争者的时候选择了去美国，在靠着两档节目重回舞台、引爆口碑的时候选择放弃春晚主持，这在许多人眼中都是不值得、不正确的选择。但是，这是她自己的抉择，且她从未后悔、乐在其中，这就够了。

价值本就只靠自己定义，不需要得到别人的认同。若是人人都认同你，那你必然是个没什么竞争力的“好人”。只是这样的好人生活，又有什么意思呢？

你可以做你自己，因为你永远都是那个闪耀的主角。只是在做自己之前，需要先给自己一点勇气、一点底气，让足够的能力成为自己的筹码。只有凭借能力进退，才能始终自由自如，越是容易被人取代，就越是处于瞻前顾后的尴尬境地。究其原因，不过是因为没有底气去做选择、没有底气去自由来去罢了。

就像实现财务自由，实现选择自由一样于我们的人生至关重要。有时候，特立独行一些，并不是一件坏事。

第五章

你有责任，变成更好的人

1. 用一座图书馆安置自己的灵魂

若觉得自己的灵魂无处安身，不如在书中去寻找答案。

书是汇集了人类智慧的东西，所有你不能解答的、好奇追寻的问题，答案都在书中。所以，每个人都应当保有阅读的习惯，是阅读让我们与伟大的灵魂近距离交流，这是任何一种途径都无法取代的。

若是董卿的灵魂也在书里徜徉，她必然要寻找一座图书馆才能安置它了。原因无他，她阅读过的书实在太多。

年少时董卿就喜欢读书，父亲教育、督促她要多将心思放在读书上，有空读书比没事琢磨打扮自己要有用得多。其实，父亲根本不必担心这么多，董卿自己就是个“书虫”，钻进书里就拔不出来。

一本晦涩的世界名著，大多都有小半个砖头那么厚，董卿只要花个三五天就能读完一本。看得出来，她一定是将所有的空闲时间都放在了读书上，书籍是她最重要的娱乐。

其实，我常常羡慕那时候的生活。那时候的人们没有智能手机，也不爱上网、玩游戏，平时大家都很爱读书。那时候的学生，会捧着一本名著翻来覆去地看，像看小说一样认真，像看连续剧一样投入。但是现在，谁还会读书呢？

未曾想到，董卿竟然将儿时的习惯，也坚持到了现在。虽然外界浮华喧嚣，但是灵魂依旧初心不改，董卿还保持着以前朴素却良好的阅读习惯。她的卧室里没有任何电子产品，既没有电视也不放手机，晚上睡觉前，董卿只会捧起桌边的书看上一会儿，然后按时休息迎接工作。睡前读书，成为雷打不动的习惯，这时候也成为她安抚灵魂的固定时间。

其实，在异乡打拼的董卿应该很容易孤独，尤其是面临巨大的工作压力时，那种夜半突然惊醒、身边无人陪伴的感觉会被放大几倍。孤独感会侵蚀她，就像侵蚀都市中每个拼搏挣扎的年轻人一样。此时的董卿，常常觉得内心一片冰冷，这样不仅自己无法快乐，更不能温暖引导别人。

身为主持人，怎么能长时间被孤独、脆弱的负面情绪影响呢？她们需要坚定站在舞台上，始终给人们带去正能量啊！每当这种时候，董卿就会选择读书，用书来温暖自己，用书来找到迷茫中的路。

阅读让她始终在前行，始终头脑清醒、思维敏捷，始终以一颗赤子之心思考人生。为什么现在四十几岁的董卿还是那样眉目宛然、巧笑倩兮的模样？就是因为她在书中构建了一个永远不会老去的世界，用阅读汲取的智慧塑造了美人的灵魂。她的一颦一笑中，都能看到岁月里读过的书、走过的路的痕迹。

说起阅读，董卿的话总是很多，也总有一些经验想告诉别人。每当这时候，她就显得格外热情、活跃，有无数话想说。那些关于她阅读的经验，我想要分享给每个读者，让你们一样可以用书籍来安放漂泊的灵魂。

于董卿而言，阅读需要坚持。任何事情都需要坚持才能看到成果，阅读更是这样。读书本身不是一件功利的事情，从没有人因为读了什么书，就能立刻变成职场达人、百万富翁，我们大多时间都是在书中学到技能、思维和理念，读懂人间百态，最终潜移默化影响自己的生活方式。

所以，读书只有坚持才会有所影响。长期阅读不必苛求太多，我们可以每天只花一小时时间，读一点喜欢的东西，哪怕是轻松的文学作品、杂志报纸也好，只要是读书总是能获得信息的。

董卿说，喜欢的书她也很少反复看，除非是唐诗宋词，因为时间应该留给新鲜的东西。她本来就是一个喜欢追逐新鲜感的人，即便是喜欢的书，精读一遍之后就容易腻烦了，很多书当然有反复读、翻来覆去琢磨的价值，但对大多数人来说，留下这些时间去涉猎更多书籍、提高自己的阅读广度，带来的帮助会更大。

所以，将时间留给新鲜的讯息和故事，比反复咀嚼旧书更有用。至于诗词这样的书籍则是例外的，它们须得花时间品位，而且每一次都会给我们不一样的感受。

董卿总是说，读书不应该有目的，总是有目的多累啊！我们翻开一本书的时候，可能是恰好被内容、封面、作者吸引，自然而然产生了阅读的欲望，又或者是喜欢书中描绘的人物、场景、故事，所以愿意一直读下去。这样的阅读才是舒服的、自发的，也才能坚持。

很多人喜欢抱着目的读书，想提高自己的理财能力，就读金融书，想让自己在婚姻生活中过得更幸福，就读两性心理书，想提升自己的效率，就读高效工作的书……但是读了那么多书，他们却会发现，对生活一点影响都没有。

读了那么多书，还是走不好自己的路，这是大多数有目的去读书的人面临的问题。其实，自发读书效果才是最好的，太急功近利、急于求成，往往才会关注读书的目的，而这并不能发挥阅读的效用。

董卿的读书论，让她自己受用一生，相信也能让你于阅读中体悟到人间至贵的真理。读书，就是最贵重的保养品，能让我们由内而外焕发生机，不必因为时光流逝而垂垂老矣。腹有诗书气自华，胸中有丘壑、手中有书籍的人，自带气质和修养。

有人曾问董卿，到底用怎样的方式来保养自己、留住青春，她这样说：

“女人外表的美丽永远是短暂的，所以唯有用知识涵养修饰自己，才能拥有一生美丽。”

此句，便与君共勉。

2. 读中文系的主持人：在喧嚣的世界里沉淀自己

董卿是个特别有书卷气的女人；事实上，她对学校也一直有一份不能割舍的情怀。

她向往校园生活，只有在校园中才能抛弃外界的一切纷扰，安安静静坐下来读书、学习，为了一个单纯的目的去做学问，真正充实自己的灵魂。所以，董卿在回忆过去的时候，常常想起自己读书时的日子，哪怕有些读书的时光都处于她事业上的低谷，她也从不因此而避讳，反而珍之重之。

她说起那些日子，眼里闪耀的是真实的向往，我相信，若是给她一个机会，她一定毫不犹豫选择抛下眼前的一切，回到当年辛苦却能专心读书的日子里。

因为董卿就是这样做的，一有机会，她就会从喧嚣的世界中脱离出来，放弃一切别人看来难得的机会，去校园中沉淀自己。我常听到一些成功人士说，羡慕一穷二白的年轻人，因为他们有时间、有无穷的机会、有足够的自由，还能在校园读书。但是，我并不觉得他们所说的有多么可信，很简单，你们既然羡慕，为什么不也抛下手中的工作、抛下产业，体验当年的生活呢？

轻飘飘的话语没有丝毫可信度，反而让人觉得虚伪。但是董卿不同，她很少说自己多想念读书的时光，全部将其化作了行动力。而她选择读书，也都是随心而为，学的都是自己真正喜欢的专业，研究的都是自己热爱的知识。

刚毕业成为主持人的时候，董卿对这行只算是开了一窍，不算是科班出身。为此，她毅然在工作之余进入学校，读了个主持的本科学位。那时候，她算是低谷中的选择，多半是为了打发时间，不让青春虚度。

但是拥有了一些成就之后，董卿还是坚持在读书。27岁那年，董卿考入华东师范大学读了研究生，可她没选跟自己工作相关的主持专业，而是选择了古典文学专业。

十几年后的《中国诗词大会》，当董卿用自己身后的古典文学功底来彰显对诗词的热爱时，我才明白她当时的选择——无关功利，只为热爱。原来，一个人真的可以因为热爱就去读书，花费时间精力，做别人眼中吃力不讨好的事情。她也因为热爱而不炫耀，只是默默喜欢、悉心钻研，而非将其摆在台面上张扬。

学习是一件终身的事情，别人是否做到了我不知道，董卿做到了。在上海的时候，她先后从上海戏剧学院、华东师范大学拿到了学位，进入央视之后，她又读了上海戏剧学院的艺术硕士，这一年她34岁了。

34岁的董卿还是“在路上”，始终用一个学生的态度，谦卑对待自己所不知的领域。因为喜欢艺术，所以她就干脆读了个专业，将“业余爱好”变成了“专业研究”，这样的魄力实在是人间少有了。

前几年，董卿的“读书瘾”又犯了——她选择了去美国读书。在美国南加州大学，董卿成为来自大洋彼岸的访问学者，在这里交流、学习电视媒体工作。她说，每个人都和“更好”之间有一段距离。

因为永远不知足，所以她永远追逐着更好，一次次选择进入学校。更重要的是，学校这个原理尘嚣的地方，能让我们的灵魂变得安宁起来，让我们用更加清明的眼睛去看待世界、思考人生，这大概就是董卿始终对校园恋恋不舍的原因吧！

如果说去校园里读书，是董卿沉淀自己、洗涤灵魂的一种方式，我们也可以选择属于自己的方式，让自己在这个浮华的世界中走得慢一点、稳一点，让思维清醒一点。

你可以去读书，去一个安静的环境，捧一本书来专心阅读，不问世事、不管外物，哪怕只是一个下午，也能得到由内至外的放松。

你可以去旅行，让自己行走在一个陌生的城市，在这种悠闲的孤独中思考人生，在他乡思考活着的意义，为自己的未来点一盏明灯。

你可以去故地重游，在一个清闲的日子里，走在曾经长大的街区、曾经就读过的学校，穿过时空思念那些过去的日子，重拾旧日的美好愿景。

你可以去博物馆，观仰那些遗留下来的历史遗迹，触摸历史中的鲜活人生，去培养自己的艺术审美。

……

在非洲，人们说我们不可以前行太快，因为要等一等灵魂。在这个生活节奏加快的现在，这句话何尝不是我们自身的写照？因为一切变化都太快了，我们忙于应对挑战、疲于生活，往往连思考的时间都没有，更不要说审视自己的灵魂、去探寻自己真正想要什么了。每个人，都需要一个清静之地去静静放逐自己，在独处中得到满足。

这个地方，可以是安静的校园，也可以是能让你产生思考、感触的任何地方。它一定是能让你慢下来的，让你待一个下午也不会腻烦，完全抛掉任何外界的烦扰牵挂，只是静静做一件事。在安静之中，你就能触摸到自己了。

你有多久没有思考过人生、想过未来了？我说的，不是那些功利的、世俗的未来，不是房子、车子和票子；我说的，也不是关于别人的未来，甚至不是孩子要去哪里上学、父母应该几时去看。是关于你自己的未来，关于你如何活着、怎样度过一生的未来。

我们不应只为了那些流于表面的东西耗掉一生，也不必将所有的日子都倾注在别人身上，这样的一辈子，没有一时一刻是属于自己的。我们应当活出一点自己的特色来，哪怕一件事是发自内心想要做的，去做好它，就是一种成功。而要做什么，需要你仔细思考。

一个成功者的一生，是会花时间在思考上的。他们甚至会花几个月、一年或者几年的时间去思考，去选择未来的路。这种思想的自我放逐和自我审视，历经越久就意味着做出的决定越成熟，这样做出的抉择，多半都是能改变未来的。

与其庸碌一生，一直忙碌却不知道自己追求什么，不如花点时间停下来，思考自己想要什么。

在喧嚣的世界里，你我都不需随波逐流，寻求机会，沉淀自己才是第一选择。

3. 用诗情妆点灵魂，以词意充实人生

一个热爱诗词的女人，往往骨子里带着一点古典的优雅，活得诗情画意。

诗词中蕴藏着千百年的闻名，蕴藏着整个中华文化之美。故而，一个真正有古典气质的美人，一定是懂得诗词歌赋的，才能跟你从风花雪月聊到人生哲学，每一句每一字都用得恰到好处。

能够抛弃外表的粉饰，选择以诗情装点灵魂，用词意来充实人生的，都是美在风骨的佳人。真要在这上面有一定的造诣，需要长年累月的积累。

董卿曾经在《中国诗词大会》上展现了自己多年积累的诗词功底，可以说不愧自己古典文学硕士的经历，出口成章、旁征博引，足以体现她强大的文学素养。这档节目意外地从小众走向了大众之中，最终引起了全民关注，被人们称为是真正能够代表中国特色的综艺节目。可以说，用综艺节目来称呼诗词大会，无形之中提高了综艺节目的水准。论起来，它更像是一个文化传播的窗口，是我们探寻中华文化基因的途径。

这里面除了才华横溢的选手，让人们津津乐道之外，董卿的

专业表现也让人眼前一亮。可以说，董卿在诗词上的才情和敏捷的思维并不亚于台上的选手，她总能在上一个人将哏抛出的时候，用巧妙的方式化用诗词，牢牢地接住，创造了一个又一个即兴而为却又精彩至极的瞬间。

这与她多年间的积累是分不开的，至少十年前的董卿，就还做不到现在的收放自如、进退合度。

2008 年在金鹰节开幕式上，董卿和汪涵联袂进行了主持。当时的董卿已然有了中央电视台当家花旦的影子，而汪涵则是湖南卫视的“一哥”。央视和湖南卫视在很多方面较着劲，两位主持人也展现了一番风趣幽默的“较劲”过程，各自拿出了看家本领将整台节目推向了高潮。

当时唐国强朗诵了一首毛泽东的诗，董卿本来就喜欢诗词，张口便可以接上许多符合情景的诗词，于是她随之介绍说，毛主席在长征途中写过很多优秀的诗，另一首中“雄关漫道真如铁，而今迈步从头越”写的也是非常地气势雄浑。

这句话可捅了大娄子，在观众中引起了很大的争议和讨论。一位湖南作家在博客上表示，董卿诗词不分，虽然同样也说了一句七个字的“诗”，但其实摘自毛主席词作《忆秦娥·娄山关》，本质上是词，并不是诗。

虽说诗词不分家，但还是两种不同的体例，表现方式和风格也是千差万别的。董卿的这个细节疏漏，往小处说并不算什么，但是往大了说，就是基础认识的失误。

所以，这一次听到董卿又要主持诗词的相关节目时，其实不少人是捏了一把汗的。这一类的节目不仅考验功底，而且还考验随机应变的能力，跟按台本来进行的节目有着截然不同的意义。一个不好接不上话，就可能造成内行看笑话的尴尬场面。

这种考验文化底蕴的节目，做好实在太难了，可出错却很容易，一不小心就会给别人留下话柄。但是董卿还是毅然决然上了，而且用自己的实力以近乎完美的表现向观众证明，除了她，没有谁更适合这个节目。

是这档节目重新成就了董卿，让我们看到了她十年间在古典文学上的又一程进步，也是董卿成就了这档节目，是使成为节目中最靓丽而不可或缺的风景，成为《诗词大会》的门面才引来了诸多的关注。

之所以能够走到现在，与董卿数十年来如一日对诗词的热爱是分不开的，董卿用半生时光，读懂了古典文学，而诗词的影响也在董卿的身上逐渐显现。她的优雅与智慧，美丽与端庄，聪慧灵动寄身于温和大气，都是受到了古典文学之美的影响。

这一身书卷气，必然也是读过了千万书卷之后才能够染上的。真正的美人便是如此，芙蓉如面柳如眉，诗为心而词为骨，内外兼修，韵致卓然。

所以我常常说，如果你想要读书，不妨就读诗词。诗词短小而凝练，在文字之美之余，还通过巧妙的组合产生了节奏美，韵律美。在古代，诗词是要配着曲调来唱喝的，它本来就是一种有韵律的文化。即便现在我们失去了那些曲谱，但在朗读诗词的时候，还是会感受到这种全方位的美的冲击。

几百年诗词流传，虽然我们的面貌变了，思想变了，但在读诗时所产生的共鸣与情感却都是一样的。所以诗词可以反复诵读，每一次诵读，都让我们的思维变得更加广博，让我们的情感变得更加厚重。

所以喜欢读诗的人，气质往往是不一样的，他们身上更能看到文化底蕴的色彩。比如董卿，当看到她的时候，大多人都会赞一句“真美”，但董卿的长相却并不是娱乐圈中顶尖的。可是当她动起来的时候，就仿佛挂在墙上的仕女图有了色彩，一个古典美人的形象施施然立了起来。这就是气质之美，是董卿通过多年的文学修养和底蕴烘托起来的知性。

若想像董卿一样，完成一个女人在气质上的逆袭，真正实现优雅自如，从容不迫，你就应当学会欣赏诗词当中的美。有了诗词为心，生活中的一切都可以变得更加浪漫，做什么也都变得更有仪式感，这往往能让你将日子过得与众不同。

在家里宴客的时候，别人看来是吵吵闹闹、烟火气十足，你却可以想到“金樽清酒斗十千，玉盘珍馐直万钱”；元宵节逛花灯会时，灯火摇曳处，你可以想到“娥儿雪柳黄金缕，笑语盈盈暗香去”，“众里寻他千百度，蓦然回首，那人却在灯火阑珊处”……

懂得诗词，本来就是一种最极致的优雅和浪漫。哪怕你并没有什么机会去炫耀，也并不愿意去向人炫耀，一样可以将这份浪漫珍藏在自己心里，送给自己，将生活过成诗里的模样。

4. 永远前行，永远不要放弃自我

一个人最错误的选择就是放弃自我。记住，你首先是一个人，然后才是一个女人，才是一个母亲和妻子、女儿。只有保有自我，你才能成为一个独立的人，任何的角色都不足以让你牺牲自己。

这个道理很多中国女性都不懂。她可能是一个贤惠的妻子，也可能是一个孝顺的女儿，更可能是一个慈爱的母亲，所以她所做的每一个选择，哪怕仅仅是关于自己的，也要考虑到身边的这些亲人。这样的女人，首先活成了一个身份，其次才活成自己。

母亲的无私奉献，当然令人感动，但我并不希望你成为这样的一个母亲。我希望你自私一点，永远都不要停止前行，活成一个优秀的样子，成为孩子的榜样，而不是围绕着子女团团转，以牺牲自我为代价。

董卿就曾经说过，不应以放弃自我来换取孩子的成长。

她现在已经是一个男孩的母亲了。我想，董卿一定是怀着对孩子深深的爱，才会选择在事业高峰期时将他生下来。而成为一个母亲之后，董卿的日子也发生了巨大的变化，曾经永远以事业为主的安排方式变得不适用了，因为一个母亲的生活是琐碎而平庸的，你永远都不知道孩子下一秒想要什么，永远都不可能安排好自己的生活。意外是随时可以出现的，而出现意外是一种大概率事件，这意味着董卿不仅不能将大部分时间都放在工作上，甚至连偶尔专心工作都做不到。

身为一个母亲，总要在孩子的身上多放一些心思，稍不注意，你就容易失去自我，将所有的一切都奉献给了孩子。董卿也走了一个平凡母亲的道路，但她也有自己的人生追求，所以如何在儿子和事业当中寻求一个平衡，就变得格外紧要。

对董卿而言，她既不想成为一个自私的母亲，只关注生活中与自己有关的一切，也不想成为一个过分无私的母亲，为了孩子牺牲自己的独立人格。她总是努力地寻找着其中的平衡，想把两个身份都做得很好。

其实这世上没有那么完美的平衡，平衡本身就是互相妥协。当你选择了一个时，就意味着另一个要做出一些牺牲。更何况，董卿选择了一个主持人的职业，忙起来的时候连自己的休息都顾不上，更不要说跟孩子见面交流了。

对于一个母亲来说，这是极大的折磨。但是身为一个母亲，就没有追求自我的权利了吗？难道身为母亲，就一定意味着全身心的牺牲和奉献吗？董卿在这样的矛盾当中摇摆，两边都不愿意放下，内心煎熬至极。

最后她终于想明白了，自己此刻的努力都可以成为将来孩子的榜样。你想要孩子将来成为一个怎样的人，现在就该去做一个怎样的人，因为父母是孩子最初的偶像、最好的引路人。

为了让孩子能以母亲为荣，能在自己身上学到好的东西，董卿开始有了新的变得更好的动力。

谁又能说她的这种选择不是一个负责任的母亲应该做的呢？

正是因为愿意对孩子的未来负责，董卿才会在现在这样拼命。

如此一来，将来孩子长大的时候，她就可以淡然从容地说，妈妈值得你学习和追随。这样的母亲，也是一样的伟大。

你看，你原本不必为了孩子或别的什么而奉献一生，也不必为了这些或那些理由而失去自我，你一直都可以变成更好的人，只不过在选择的时候没有思考过而已。有些时候，我们倾向于那些看起来更加简单的选择，比如单纯作为一个母亲活着，为孩子奉献，其实比兼顾事业和家庭要轻松得多。因为每个母亲对孩子的感情都是一样深厚的，在关心和照顾孩子之余，还要拖着疲惫的身躯养家糊口，或是去实现个人的理想，就是在迎接双份的挑战。

要做到这一点谈何容易！所以面对这样抉择的时候，很多人都选择退了一步。于是一些女人回归家庭，后半生在事业上平淡无奇，曾经张扬的个性变得面貌模糊，曾经追逐的爱好早已丢在一旁蒙尘蒙土……然后她们会在多年之后回首，换来怅然若失的一声叹息，或者是萦绕在孩子耳边的唠叨与牢骚。

但是，是你的孩子在逼迫你放弃自我吗？没有。这个世界上没有人可以逼迫你停下，只看你自己还愿不愿意继续走下去。

伴随着一个女人的年龄渐渐增长，面临的挑战和压力也会越来越多，这些都会成为前行的累赘。但这都不是我们停止向前的理由，就如同董卿所说，她可能一生都不会长大，但一生都没有停止成长，我们也应当抱有这样的心态去看待世界。

一生都不会长大，就可以用童稚的眼光去看未来，拥有永不缺少的勇气、好奇心和挑战力，永远不满足于平稳安定的现状，永远都在追求新鲜感的路上。

一生都不停止成长，就意味着自己将永远在改变，并且一直变得更好。路上，也许我们终究会遇到各种各样的阻碍，有的来自环境，有的来自内心的牵绊。但只要找到一个平衡点，你并非就一定要停滞不前。

也许前行要付出更多的汗水，要付出更多的代价，但收获也是最丰厚的。一个始终前行的人，方能成就自我，内心充盈，始终不迷茫。

5. 短暂的离别，是为了更好的开始

在《朗读者》中，有一期的主题是关于告别。

董卿的一番阐述，说得十分动人。是的，过去几千年间，我们的文学作品都在阐述着同一个主题——生离死别。经历过告别，是一个人从幼稚走向成熟的标志。

董卿的一生中，一定也经历过不少告别的时刻。随着一个人逐渐长大，终究会经历亲人的离别，目送他们在自己的生命中渐渐远去，在那样的时刻里，董卿的心中又是怎样的复杂痛苦呢?但经过了之后，对生命就有了更深的认识。

她也告别过许多过去，而重面新生。几十年前，当董卿刚成为主持人的时候，她其实是告别了剧团毅然而来的。在这之前，董卿的梦想是做一个演员，她从未想过告别过去之后成为主持人，却迎来了她后半生的归宿。

你看告别也未必是不好的，一次斩断过去的告别，就意味着你的未来将更加自由，虽然莫测，但也有了无限的机会，变得比从前更好。所以很多时候我们需要告别过去，离开上一段经历，去迎接下一秒的生活。当你告别的时候，就可以整装重新出发了。

在上海打拼了几年之后，董卿也在某个时刻下了决心，告别过去熟悉的环境，告别已经建立了亲密感的朋友和同事，背上行

囊来到北京。这是她第一次离开家这么远，这不仅仅是对于人的告别，对于过去生活的告别，还在时空上割裂了现在和过去。

她需要完全改变自己的生活状态，适应北方的习惯、适应央视的节奏，适应亲朋好友都不在身边的孤独。但也就是因为有了这一次告别，让她经历了最极致的淬炼，才能浴火重生，走到当下。

董卿也一度告别了观众，不管是 2014 年，她为了自己的生活和追求远赴美国，还是缺席 2018 年的春晚，都是一次打破过去习惯的告别。我们已经习惯于在电视上看到董卿的面孔了，这一场隔着荧幕的告别，很多人并不能接受得很好。但是董卿终究还是会回来，而且每一次都能带给我们惊喜，每一次都在短暂的离别之后变得更好。

好好告别，既是结束过去的一场仪式，也是开启未来的一个信号。

总有些人无法从告别的痛苦当中挣扎出来，他们耿耿于怀那场离别，会将这一场景在心中藏几年十几年，会在未来的许多时刻翻来覆去想着，会恨不得留在告别之前的日子里。

然而告别是不可抗拒的，尤其是死亡，将一个人带离我们身边的时候，这样的死别永不可能倒回。但告别是旧日子的结束，也是新生活的开始，我们唯一能做的就是好好告别罢了。

好好告别，以开阔的心胸来面对它。告别总是一件伤感的事情，总会让我们内心郁郁难安，甚至在过去的回忆一瞬间涌来时，让你生起一种痛悔，痛悔于自己不曾珍惜那些时光。“赌书消得泼茶香，当时只道是寻常”，曾经以为的寻常日子，终将一去不复返了。

然而，告别也可以是折柳和歌相送，也可以热热闹闹、开怀舒畅。只要不是死别，你我总会再见，眼前的伤感不过是因为对过去的留恋，但你要记得，短暂告别之后你还有一个崭新的开始。未来的日子，未必比过去差。

怀抱着期待、希冀，以及对告别者最深切的祝福，开阔地面对就好了。

一切相聚终究会归于告别，而一切的告别总会再见。即便是生死之隔，不过几十年时间疏忽而过，我们也会在生命尽头同归于土。所以，告别只是短暂别离罢了，不用耿耿于怀。人之一生，告别的时刻总是存在的，我们会跟同学、朋友说再见，也会跟自己的亲人父母回首相望，又会跟过去的某段经历分别，但每一次告别，都是新征程的开始。

好好告别，就是永远不丧失对前路的向往。有些人因为有过惨烈的告别，所以在未来的道路里就变得畏畏缩缩，生怕重蹈覆辙。在感情里受过伤害的姑娘，往往会对开启一段新感情产生抗拒心态，就是因为经受不起再一次的打击了；在尝试之后失败过的经历，往往会让我们失去勇气，在将来变得得过且过、畏首畏尾，因为不愿意再失望。

然而，上一段不美好的经历已经过去，我们告别过，便可以用全新的态度走一段新的旅途。要相信，你遇到的人和曾经不一样了，你做的事情、处的环境也和过去不同了，前路依旧值得你期待。

好好告别，就是珍而重之地将回忆收藏。告别过去并不意味着抛弃，只是我们选择将它放进记忆中珍藏。一个值得珍视的人、一段值得纪念的旅途，都不必在告别之后抛之脑后，告别只是给这段人生画下了一个完美的句号，但并不意味着就要将它们从生命里剥离。

你所经历过的事情，你所走过的路，都会写在你的回忆里，显现在你的一颦一笑间。告别，只是带着新的收获前行。

古人以折柳送别，用美酒送别，以歌声送别，每一种都是这世间最美好的东西。那时候，山高路远、音信难觅，一次远行可能就是一生不归，每一次告别都承担着再也不见的风险。但他们从未想要因担忧、遗憾、怅然而痛哭失措，反而向往用最美好的事物来装点这场告别。

社会尊崇洒脱的名士，因为那些就是他们想活成的模样，而名士绝不会因告别儿女情长，怅然也不过是淡淡，更多的是对前路的展望。你会发现，向前看，是告别中永恒的主题。

虽然现在我们分离了，但是漫漫前路总有再见的机会，在这之前，请你活得精彩些，不负时光。

这样，这场告别就成为一生中永远美好的回忆了，不论将来彼此身在何方，也是天涯与共。

6. 女人要靠自己，才有安全感

董卿曾经说过，自己没有安全区，靠谁都不如靠自己。

她清楚地认识这一点，依赖别人并不能让我们获得安全感；相反，一个依赖别人而活的人，反而是最缺乏安全感的，因为他们知道一切选择都由不得自己。譬如，在感情中处于弱势的一方往往会安全感缺失，想要时刻掌控所爱之人的行踪，因为他们潜意识里知道，这段感情的走向不掌控在自己手中。

董卿从来不依靠别人，我想这源于她的家庭教育。董卿的父亲就是靠自己的双手打拼的前例，他从农村考入复旦大学，以一个毫无背景的穷小子身份，成为新闻报刊的副主编。董卿的母亲也是复旦毕业，凭借自己的智慧与才华成为物理学教师。

对她的父母而言，“知识改变命运”并不是一句虚言，而获取知识的过程全靠自己的天赋、勤奋、努力，所以未来便掌握在自己手中了。这是最踏实的东西，付出一份辛劳就能积累一分学识，学到的都是自己的，也都能在未来改变人生。

所以，董卿从小就被父亲教育要靠自己，要敢于去争取、把握自己的命运。少年时来自父母的严格教导，曾经让董卿觉得不解，为什么别人家的女儿都是被父母捧在手掌心的娇娇女，想要什么都有父母满足，也不用像自己那么辛苦？曾经她甚至猜测，自己可能不是父母的亲生女儿。

但是长大了，她对父亲的教育只有一句评价：“他说的都是对的。”

父亲虽然没有让她成为一个受尽宠爱长大的小女儿，却给了她独立的能力、自主的精神。她在自律、挫折教育中不断成长，如同一棵山崖上的青松，在艰难的环境里一样屹立不倒、迎难而上，长成了现在这个优秀的模样。

后来人生里的每个挑战，董卿都靠着自己的努力、付出咬牙挺过去了。很多人说她的成功是靠背后的贵人，这真的是对董卿最大的否定和侮辱。她是一个始终相信靠自己才能得到一切的人，你却不能正视她的付出和成就，这比抹杀她的一切还要刻薄。

只有靠自己，才能获得最大的安全感，你知道未来会如何走，不论上浮还是下沉，全部依赖着自己的选择和判断。

女子虽弱，更应靠自己而活。

总有人说，女人不必获得太大的成功、承担太大的压力，社会对女性的事业要求仿佛也宽容许多，只要能实现经济独立，就能获得不少肯定称赞。然而，这些观念都源于一个基础——女人不用太拼，是因为有丈夫可以依靠。

若你真的相信了，就将自己放在了附庸者的角度，一生都难以摆脱别人的控制。只有一切都靠自己来获取，才能始终立于不败之地，随时能抽身而走。

一个朋友不久前分手了，对方是早已谈婚论嫁的人，我很诧异，因为他们曾经相处得还挺愉快。当我问及朋友原因时，她告诉我："很简单，他想让我婚后不要工作了。"

男人的话说得很温柔，他告诉朋友，自己心疼她工作辛苦，他有足够的薪水能养起一个家，所以她不如辞职回家算了。

"没关系，我养你"这句话，要是许多姑娘听到了，只怕要高兴得昏过去，觉得浪漫极了。就像那句"我负责赚钱养家，你负责貌美如花"被人所追捧一样，每个人都希望遇到一个心甘情愿养着自己的男人，若是这样看，朋友真是幸运极了。

但你有没有想过，这世界上的一切都是公平的，有付出就有回报。一个人愿意养你，你又需要付出些什么呢？

朋友知道，她如果不去工作，付出的会更多。"他是个有点大男子主义的人，养老婆会觉得天经地义，但同样，老婆就得是个贤妻良母，为家庭付出一切，遇到大事的时候还不一定有话语权。"

有多少全职妈妈表达过自己辞职的后悔？失去了经济来源就失去了主动权，在家里连买罐奶粉都不能自主选择，都要看别人的脸色。

所以朋友拒绝了，没想到竟遭到了强烈反对。看着这个男人暴露出的强大控制欲，她更是忍不了，只好趁早远离。

没有什么付出是必然的，当你放弃了自己的事业去享受生活，就必然失去别人的重视、失去控制权；当你得到了别人的优待，就一定是牺牲了些什么东西。所以，靠别人永远是不靠谱的，你得始终在别的地方牺牲、妥协，始终活在别人的脸色和影子里。

与其靠别人的荫蔽，不如靠自己在阳光下前行，未来的路会更加广阔一些。

不论是谁，要靠自己总要有知识。这是唯一属于你的、能够永远存留在脑子中的东西，即便有一天我们一贫如洗，只有孤单一人，一样可以靠着往日学到的知识、技能乃至于常识让自己的生活重归正轨。

其他任何东西都不能让我们拥有切实的安全感。你的财富并不是永久的，一旦遇到天灾人祸，抑或是一个简单的小投资失误，都可能出现崩盘危险；你的亲朋也不能永远陪伴在身边，他们终究有自己的生活，也会在人生的某个时刻离开；你的子女并不属于你，你是带他们来到这个世界的人，但他们终归会像箭离开弓一样离开你，而且在你的视线中消失……

唯有知识，是我们能够依赖一生的东西；唯有阅历，是岁月留给我们的安全港湾。

就像民国名媛郑念，出身高贵，留学归国，前半生浮华璀璨，后半生却颠沛流离。在变故中，她失去了家财，失去了丈夫，也失去了唯一的女儿，人生犹如从月满到月缺。但她还没有失去信念，因为她还有自己，还有知识和清醒的头脑。

跨过痛苦之后，她在美国重新开始，作为一个作家，一样大获成功。除了失去的亲人再也不能回来，她又恢复到了过去的状态。因为她拥有学识、阅历，就随时拥有站起来的机会和能力。

唯有学识，可以让我们始终依靠自己，为自己建立世上最牢固的安全区。

7. 别怕尝试和改变，进一寸有一寸的欢喜

恐惧改变，往往是因为怕前途未知，但有什么可怕的呢？只要一直向前走，每进一寸便有一寸的欢喜，未来正因未知才有无限可能。

董卿就是一个不喜欢被套上标签的人，哪怕有很多人靠着固定的形象、固有的技能也可以获得成功，但董卿却拒绝如此。她永远在尝试改变，始终在不停前进。

只有大胆去尝试，才能找到自己真正想要的路，对董卿来说是这样，对你我来说也是一样的。

她骨子里是个倔强大胆的人，永远有自己独特的想法。别看这个长相精致的南方姑娘总是以端庄知性的气质出现在我们面前，其实这女人味的温婉之外，她还有一股宁折不弯的英气，只要是自己认准了的道路，就算多少人阻碍她也要试一试、走一走。

她曾经说过，若是一个人年纪轻轻就依赖着所谓被市场认可的风格，是一种非常危险的事情。被市场贴了标签的人就意味着有了一个人设形象，现在娱乐圈中有许多名人都是靠着人设吃饭，不就是禁锢在了市场认可的风格之内吗？

时间终会证明，这样的人是走不远的。

就像凭借《爱情公寓》火了的众多明星，他们中的大多数都

在走这个作品中的形象，因为观众认可，人人都觉得陈赫就是“曾小贤”的模样，提起娄艺潇首先想到的就是她扮演的“胡一菲”。

然而一个有理想的演员，绝不肯被这样的固有形象所禁锢。所以“关谷”的扮演者王传君，就用了各种近乎决裂的方式让自己与这个形象撕裂开。在最初，这是很难的，他拒绝了关谷这样的类似角色，就不会再有其他资源，因为谁也不敢肯定他走其他风格市场会认同。有些人说，他是疯了，行为荒诞一点也不像个明星，还把大把的资源和钱往外推，还有人说他被雪藏了，所以才没有作品。

然而正是这样的坚持，让他浴火重生，在大荧幕上用一个又一个有价值的角色，给人们留下“王传君”这个演员的印象。你不提，谁也想不到他是那个“关谷”。

不依赖被市场认可的风格，是极端的清醒，有长远的目光，但也注定要与市场作对，要忍受漫长的孤独和更多的困难。但董卿能说出这句话，就足以证明她有这番决心。

她是真的认真在不断前进，并且为自己的每一次改变而感到欢喜，并不在意它是否给自己带来了足够的利益。

她是个有野心的职业女性，有实现自己价值的野心，有自我选择、自我独立的野心，所以她会去争取各种机会、用尽全力去尝试很多别人看来有风险的选择，只为寻找真正适合自己的走的路。

在尝试中，可能别人顺势而为一步能前进十米，你总在尝试新东西一步只能迈出半米，但每进一步，就足以让自己快乐了。最终，也许他人走得远了才发现路是错的，返回也来不及，但你早已在开始将所有的可能都尝试过，所以始终走在对的路上。

董卿进入央视之后发展速度很快，短短几年间就进入央视的核心节目，并且在大型晚会上频频亮相，这些都奠定了她之后“当家花旦”的地位。她之所以能在这个大舞台上有这么快的发展，跟自己在上海时期不断摸索、最终掌握个人风格有密不可分的关系。

在上海的时候，董卿总是乐于尝试各种新节目，最不喜欢拘泥于一个身份。年轻就是有无限的可能和机会，不在这时候多转变、多尝试，谁又知道哪个才是适合自己的呢？

在旅游节目、访谈节目或者文艺晚会里，你都能看到董卿的身影。她经常活跃在一些你想象不到的领域，参与这些栏目的主持，就是在不断调试、改变，想找到将能力真正发挥出来的位置。

其实，很多人都不喜欢这样的尝试，不喜欢频繁更换岗位。如果能在一档栏目里一直做下去，也许不会全面，但一定可以很专精，就能将这档栏目越做越好。再不济，也可以在观众面前混个脸熟，在节目内部混成一哥一姐，至少几年内的事业都可以快速发展。

像董卿这样总是改变和尝试，就意味着她总要从头开始。但是董卿乐在其中，因为她逐渐找到了自己最适合的方向，所以后来一旦发展起来，速度就相当迅速了。

因为适合，阻碍就更少、心态就更坚定。

如果你还年轻，一定要多试一试，不尝试怎么知道自己不行呢？在新的领域里，每前进一寸都有一寸的欢喜。

尝试不要怕踏错，甚至付出代价才能印象深刻。曾经有个知名理财师跟我说，当你在进行资产配置的时候，越是年轻你就越应该敢于尝试高风险、高回报的投资，比如股票、股票类基金等，当你才二十几岁的时候，可以将70%到80%的存款放在风险投资上。

正因为年轻让我们一无所有，所以才无所畏惧。若是现在你都不敢尝试，随着日子一天天过去，拥有得越多就越舍不得冒险，因为无法承担失去的痛苦，那自己的一生就被禁锢住了。

尝试也是一个一生的命题。只要你有足够的野心和实力，任何时候都应该大胆尝试，不论在人生的哪个阶段都是如此。人到中年故步自封是要不得的，须知世界的发展不会因你停下，如果不跟上脚步、始终变化以适应新的环境，就一定会成为被时代抛弃的一个。

第六章

聪明的女人，懂得说话的艺术

1. 懂得主持定位，不做喧宾夺主的角色

一个出色的主持人还有另外的称呼——名嘴，这就是靠说话的艺术来吃饭的人。

董卿这样聪明的女人、优秀的主持人，自然也是一个懂得说话艺术的人。在她身上，你会发现一个主持人最有魅力的地方，不是时刻成为舞台的焦点，而是永远能找到自己在节目中最恰到好处的位置。

她一直不是那个聚光灯下喋喋不休的人。作为主持人，她就像是群花中的一株蜡梅，没有过于明艳的色彩和华丽的花朵，永远不会夺走嘉宾的光彩。但在舞台这个大花园里，你又不会忽略她，因为她有自己不可或缺的定位，就像百花丛里不能缺少蜡梅的芬芳一样，不经意之间，你就会注意到她的魅力。

在任何节目中，董卿永远以一副妆容精致、穿着大方的形象出现，从穿着上你就能看出，董卿是个很懂得“恰到好处”和身份定位的人。她从来不会穿得过于华丽，因为这样会抢走嘉宾的风采和注意力，但她也不会以随意的样貌出现，哪怕私下的她钟爱舒适的休闲服和运动装，这是她作为主持人的素养和对自己定位的认识——美，但不夺目；得体，且永远适当。

因为懂得自己的定位，所以董卿在主持、说话的时候，也永远是恰到好处的。出风头很容易，但永远恰当却很难，可董卿比一般人做得都好。在《中国诗词大会》里，我们发现董卿也拥有深厚的文学功底，一些场合下总是“金句”频出，让人觉得她就是最合适的主持人。而仔细研究就发现，董卿虽然展示了自己的风采，但每一次金句出现的时候，都是在需要她串场、总结、介绍选手或者炒热气氛的时候，总之，是在需要一个主持人把控节目节奏的时候，她才会挑起大梁。

而大多数时间里，虽然董卿有着不比选手差的文学修养，但她总是乐于微笑着看着选手们发挥才华，并且成为那个欣赏者、鼓掌者和赞美者。

一个好的主持人就是要这样，懂得在什么时候开口，什么时候给别人说话的机会。试想一下，如果董卿是一个表现欲望强盛的人，总是不分场合地展现自己的才华，那么《中国诗词大会》可能就是另外一种样子——她会有意无意间抢走选手的展示机会，会习惯用居高临下的态度点评选手的表现，会强调自己的存在感和才华，而忽略了带动嘉宾参与节目。

这样一来，《中国诗词大会》就不会成为现在这样经典的节目了。可以说，董卿作为主持的优秀之处就在这里——她不仅有才华、能够驾驭得了这样的节目，而且乐于担当绿叶，隐藏自己的才华去成就一个展示别人风采的舞台。她懂得自己“主持人”的定位，所以才把节目做得恰到好处。

一个会说话的人，绝对不是永远将话筒抓在自己手里的人，而是懂得什么时候该说、什么时候不该说、什么时候要把“话筒”递给别人的人。

董卿之所以这样懂得说话的艺术，就是因为她知道，主持人是那个传递话筒的人。优秀的主持，知道在冷场的时候站出来用精彩的语言丰富舞台、深化主题，也懂得将光彩留给真正的主角和嘉宾。他们知道什么时候该接过话筒，什么时候该做一个倾听者。跟着做主持的人学说话，你会特别深刻地明白，为什么找准自己的位置在谈话中那么重要。

董卿将语言的技巧把握得炉火纯青，而我们要成为她这样优雅的女人，能用语言来打动人心，就要学会像董卿一样找准自己的定位。

记住，不是时刻成为焦点才是最好的。若是人人都急于成为焦点，进而拼命抢占在人群中的话语权，那谁又去做那个倾听者呢？控制好自己的表现欲，知道将说话的机会交给别人，你才能成为人群中那个进退有度、懂得分寸的“社交达人”。会说话的人不会时时都在表达自己；相反，他们可能更懂得倾听，知道什么时候该发表自己的意见，什么时候给别人一个发言的机会。

进退有度，方能游刃有余。

董卿的优雅，正是源于进退有度，言行举止无一不恰到好处。若想成为一个优雅有魅力的女人，就应当明白“口吐莲花”的重要性。一个口无遮拦、不懂得好好说话的女人，是谈不上“气质”二字的。会说话，比长得漂亮更重要。

你要有收放自如的表现欲，既能向别人表达自己的感受和需求，也要懂得照顾他人说话的欲望。有些女性之所以显得缺乏气质，就是因为“唠叨”二字——只顾自己说得痛快，丝毫不顾他人感受。不论是喋喋不休还是固执己见，都不是好的说话态度，我们应该明白，有些话可以用更恰当的方式表现出来，而说得多，并不等于说得好。

能收能放，才会给魅力加分，这样的人才是社交场上进退得宜的。

我们应该分清说话的场合和对象，不要什么时候都乐于侃侃而谈。喜欢聊天的姑娘大多都外向活泼，通过交谈可以令我们放松及解压，这并不是坏事。但是很多场合中，喋喋不休却是大忌。不要因为感兴趣而随意加入他人的话题，因为我们并不知道，他们的谈话目的是什么。拿出我们的一点小骄傲，不要做一个家长里短的“马大姐”，要分清场合去说话，这也就是俗话说的“有眼色”。

一个在交谈之间能够展现自身魅力的人，一定是“言之有物”的，说出高质量的话、讲有态度的内容，才能够用学识和言谈来打动别人。若你说的永远是泛泛之词，只能流于表面地阐述些浅显的道理，滔滔不绝反而显得“废话连篇”，更容易给人留下肤浅的坏印象。所以，要努力提升自己的谈话水平，才有侃侃而谈的基础。若是面临自己不了解的话题，有时适当沉默倾听反而比贸然发言更加有用，这既是对知识的尊重，也是个人涵养的体现。同样，遇到了自己擅长的领域，有些心得想要分享时，也不要迟疑和畏怯。既要自信，又要自知，这才是言谈有度的女子。

由此可见，当我们谈论着不同的话题，身处不同的场合，面对着不同的对象时，给自己的定位都应该是不一样的。若你是主角，就要让自己的发言变成一场精彩的演说，若你是听众；就要让别人的发言成为一个精彩的故事。

2. 厚积薄发的底蕴，才能提升谈吐

优雅的谈吐不是一朝一夕就能练成的，往往需要厚积薄发的底蕴。一个人之所以能够说出智慧而深奥的言语，绝不可能是一时的小聪明所致，必然是因为他有足够的积累和深度的思考。

董卿就是如此，她是一个可以用谈吐告诉你什么是深度与修养的女人。而这样的优雅并不是天生的，有后天日积月累的锤炼，方才有今日的出口成章。

董卿之所以有如此动人的谈吐，一方面是因为董卿有着深厚的修养和学识。她爱读书，尤其喜欢意蕴丰富的国学书籍。在不断的积累当中，董卿已经不单单只是一个优秀的主持人了，更是一个有文化审美、思想深度的学者，因为胸中有足够的积累，所以口中才有可说的内容。

另一方面，则是董卿在“说话”上的认真，才让她时刻谈吐动人。尤其是在工作时间，她深知作为一个主持人应该具备的言谈素养，所以十分注重从自己口中说出的言语，经常花费大量的时间练习、模拟舞台，才造就了她“出口成章”的主持风采。

可见，想要提升自己的谈吐，一定要懂得厚积薄发，不断积累才能做到言之有物，不断练习才能有真正的风采。

这一点我们着实需要向董卿学习。

董卿的老搭档白岩松就曾经说过类似的话——在董卿的生活里，只有工作。

作为一个主持人，她重视自己的工作，所以重视自己说出的每一句话。几年前董卿主持《我要上春晚》节目，每次节目开始前，董卿都要提前至少一天时间，亲自跟每一位选手交流、磨合。为了应付各种突发状况，保证自己在任何情况下都能得体地接话、串场、调整氛围，董卿甚至将所有的选手资料都收集起来，研究之后，在一旁写满了密密麻麻的要点总结。

一场主持下来，我相信她已经认识了所有的人。正因为知己知彼，所以董卿才能把每一句话都说到对方心坎里，让整个舞台的气氛变得更加火热。

一个主持人说出的话，有时分量是很重的。一个小小的失误，就有可能打乱整个节目的节奏，或者伤害节目嘉宾、影响观众情绪。董卿深知这一点，所以每一次拿到台本之后都要做很多前期功课，务求广泛地了解节目背景。只有这样，主持人的表述才会有深度，不会显得“外行”，也不会因为不够了解而闹出笑话、辜负观众的期待。

看到董卿的这些习惯，我才真正明白什么叫“有备而来”，什么叫“厚积薄发”。台上一分钟，台下十年功，一个主持人在舞台背后所做的努力，是你看不到的。同样，一个会说话的人可以风趣幽默、文采斐然，也不是天生就能做到，需要在提升言谈上下足够的功夫才行。

在董卿的生活中很少有真正的放松时间。即便是在节目之外，她也经常将自己的精力和时间都放在总结、准备工作上。还是在主持《我要上春晚》节目时，董卿在开始时对节目的节奏不满意，觉得自己不能很好地把控时间和安排进度。这个问题一直困扰着她，哪怕节目已经结束了，时间已临近半夜，董卿还是会在家中不断回顾思考，针对自己所说的每一句不完美的台词进行推敲。她常常在夜里反复问自己，当时为什么没有注意这个细节？那个地方是不是应该多加一句解释？有时候这一番总结结束了，天都已经亮了。

正是因为反复雕琢，董卿的主持才能越来越游刃有余，才能有出口成章、舌灿莲花的精彩表现。我们每个人都不是生来就懂得察言观色的，也不是自小就能左右逢源的，会说话的人，无不是专门在这方面下过苦功的。哪怕不像董卿一样，也一定会在生活中注意自己的言谈举止，而这样才会提升自己的谈吐。

要做一个会说话的优雅女人，首先要多读书，读好书。以足够的知识和修养作为基础，我们才有底气说出有深度的话。如果你只是学会了嘴上功夫，思想上却是乏善可陈的，那不可能说出精彩的言语来。

会说话的人，往往都意识到了好好说话的重要性。记住，不要忽视言谈中的细节，也不要轻易放过自己在讲话中的缺点。你是常常心直口快也好，不善言辞也罢，这些都应该得到自己的重视并改善，只有这样才能提升谈吐。

我的一位老师就是一个沉默寡言的人，他天生内向，少年时期长期被自卑所困扰，开口跟陌生人交谈，对他来说都是一种极大的挑战。愿越是如此，他就越不肯忽视自己的问题，通过阅读大量的谈话技巧书，和学习 TED 演讲课程，老师最终成为一个既能享受一个人的安静，又能在社交圈中活跃的人。而且他的演讲特别精彩，每次在众人面前发言，都非常有煽动力，这让他成为一个非常好的领导者。

你看意识到好好说话是很重要的。你应该针对性地改变自己，在讲话当中可能遇到的问题，如同董卿一样，学会在重要的场合前进行不断的练习，并在每一次交流之后回顾自己的话语，找出可以提升自己的地方。

我相信，日积月累，你终究可以成为一个言谈精彩、魅力无穷的人。

3. 优雅的女人吐字如兰

做一个优雅的女人，不仅要会说话，还要“说好话”。

我们所言的说好话，绝不仅仅是腻人的甜言蜜语，也不是张口即来的溜须拍马，而是一个有文化修养、有气质魅力的女人应该说的话——说出来，会让你变得“美”的话。

这样的话，董卿特别会说。

在《中国诗词大会》上，董卿不仅体现了自己深厚的国学功底，还向人们展示了什么叫真正的优雅——真的优雅，是举手投足、一词一句之间都美的。

面对眼前的断臂女孩张超凡，一个身残志坚、灵魂精彩的姑娘，董卿深深感佩着，脱口而出这样一段话：

“我们每一个人都不完整，只不过有些是看得见的残缺，有些是看不见的，用乐观、坚强，勇敢追求一颗完整的心灵和完整的精神世界，是值得钦佩的。”

这一番话说得多么温柔，又多么直指人心，更重要的是，这番话不仅会感染大众，也说到了张超凡的心坎里，她就是这样一个女孩。

既能带着同理心去理解别人的坚持，又能以温柔的态度对待世界，这才是董卿能说出这样一番话的原因。她是个口吐善言的主持人，在舞台上从不用尖锐的、不合时宜的措辞去伤害别人，哪怕是无心之失。她总是能照顾到别人的心情，维护他人的自尊，并用最美最善的语言去宽怀别人。

这样的女人，说出来的话都是美丽的。她动人的气质，除了源于自己的外表，更源于动人的仪态和语言。

在制作《朗读者》这档节目的时候，董卿说自己做了 21 年的主持人，却在这一刻仿佛回到了起点，重新开始。“朗读者”中，“朗读”二字着重于文字，但“者”却是关注人的。所以，在节目里她要致力于体现有血肉的、真实的人物情感，并感谢这些人，让我们看到了多彩的大千世界。

一股浓厚的人文气息，在董卿的描述中姗姗而来。正因为说出的话充满着人文关怀，充满着对世界温柔相待的态度，所以董卿才有着令人难忘的、独树一帜的书卷气。

很多人不明白，为什么现代一些姑娘美则美矣，总显得肤浅。因为他们不懂，真正的美人不仅美在有漂亮的皮相，更不是美在静止在照片上的剪影，而是美在生动，美在一言一行中。若是举止粗俗、言行不当，就算是天仙一样的美貌，也会被不佳的气质所连累。

所以，很多所谓的“网红”固然在网络上有着高人气，但一旦卸掉浓妆、关掉美颜，从静止的照片上走到聚光灯下、走到摄影机前，美就荡然无存了。你会发现，她们张口说话时，言谈空无一物，有时甚至还会“爆粗”，更常常说出不妥当的话，甚至因此伤害到别人。这些，都是言语上缺乏修炼导致的。

跟董卿这样有气质的女人比起来，大多数人都会说，前者相差甚远。之所以如此，难道是因为那些年轻的姑娘不够漂亮、不够多才多艺吗？并非如此。只是董卿的温柔和才华、智慧与内涵早就体现在了自己的言谈举止中，最终混合为独一无二的气质，让她的美丽得到了加成。

一个口吐善言、吐字如兰的女人，总比言语粗俗、内涵缺失的女人更加值得欣赏。

我们应当做董卿这样的女人，哪怕不去汲汲追求肤浅的美貌，一样可以拥有长久的魅力，而且伴随着年龄的增长，只会变得越来越美，不会因为岁月流逝。

要拥有董卿一般的气质，先要懂得用语言来诠释优雅。优雅，是宽容、温柔，这样的女人绝不会用刻薄的言辞来评判别人。她们懂得严于律己，但绝不会严以律人，不会用苛刻的态度对人，更不会以锋利的词句刺伤人心。

别当一个刻薄的人，生活才会对你温柔。

优雅，是彬彬有礼，绝不是骂声连篇。粗俗的话语不应该从淑女的口中说出，不管是无意识的口头语也好，还是愤怒时的发泄也罢，当你说出那些拉低自身气质的话时，也就跟优雅无缘了。

优雅，更是明白如何将话语说得动听。将夸赞说得更加真诚，就不会显得谄媚；将批评说得委婉一些，就不会显得严厉。有些话不必脱口而出，说出来之前多思考，带着同理心去跟别人交谈，你说出的话就更容易得到他人的认可。

做一个优雅的女人，一定要有雅致的言谈。如果说出的话乏味至极，抑或者不懂讲话的分寸感，就会显得空有其表、难符其实。很多人错误地将过分当玩笑，把粗鲁当个性，却不知道，这样看似“特立独行”的行为，只会给自己的形象带来巨大的损失，这一点不论性别如何，都是一样的。

我想，每个人都想自己交往的对象是彬彬有礼的绅士，或者是大方得体的淑女，否则也不会有“谈笑有鸿儒，往来无白丁”这样的期待和向往了。做一个言行优雅的女人，你会发现自己在社交场上也会备受欢迎，因为这样的形象本身就是魅力无穷的。

如果你还不懂的话，看一看董卿是如何有亲和力、感染力，就会明白这个道理。

4．“金色三分钟”救场，体现智慧和机变

说起董卿主持生涯中的经典时刻，就一定不能落下那著名的“金色三分钟”。董卿出色的临场应变能力，挽救了一场本来可能搞砸整场晚会的突发危机。这一段主持虽然只有短短的三分钟，但却在多年以后，依然被人们津津乐道，不少主持专业的人都将其称为一个“完美案例”，用来教育那些即将成为主持人的学生，告诉他们——一个优秀的主持人应该是怎样的。

这是怎样的“金色三分钟”呢？

那是在2007年，董卿主持《欢乐中国行2007年元旦晚会》。众所周知，在元旦、春节这样有特殊意义的节日组织的晚会，在即将步入零点的时候，主持人往往会带头倒计时，带领全国的观众共同迎接新的一年。这是一个非常重要的环节，也是不可或缺的，同样也是最容易失误的。

因为晚会都是直播，而前面的节目时间很难控制得非常完美，所以主持人和后台工作人员并不能准确地提前安排好倒计时主持内容。在这段时间内说些什么、如何去说，非常考验主持人的临场应变功底。

就算这部分内容提前排演了很多遍，也一样可能出现问题。

大多数时候，问题往往出在主持人身上。不是他们没有把握

好节奏时间，就是他们因为紧张忘词、说错了词，导致倒计时环节混乱。而这一次，董卿不仅没有出错，反而成为力挽狂澜的那个人。

接近零点的时候，工作人员突然发现，前面的节目结束太早了，出现了两分半钟的空档。这两分半钟该填充些什么呢？总不能让观众傻傻坐在下面等吧！

这时候就需要主持人出马了。这样的情况在主持活动中也不少见，所以董卿早就准备好了临时的救场预案，游刃有余地走上了台，自由发挥。

就在她在台上把控着节奏，准备用自己精彩的表现吸引观众的注意力，完美度过这两分半钟时，耳麦里突然传来了导播的声音，他告诉董卿，空出来的时间不是两分半钟，而是一分半钟。

也就是说，要是按照董卿上台之前的临场预案，主持过渡两分半钟的话，就错过了零点。一般主持人也许会立刻慌乱，甚至会在短暂的时间内组织不好自己的语言，不知道该如何表述，但董卿不同。她找到一个合适的机会，调整了自己的语序，开始准备结束语，准备带着电视机前和现场的所有观众一起开启倒计时，迎接新年。

而就在此时，导播突然又发话了——不是一分半钟，还是两分半，是之前他们弄错了。

一而再的更改，对一个主持人来说是多么的不容易！而董卿早就已经开始讲结束语了，怎么还能继续自己的串词呢？

董卿的临场智慧和随机应变能力又一次体现了出来。她走到舞台两边，深深给现场的观众鞠躬，深情地感谢他们为这场晚会的奔波，感谢他们此刻的欢声笑语和感动的眼泪。她代表舞台上所有的工作人员，感谢观众们的支持，既让观众心中充满感动，又完美地度过了这一分钟时间。

如果不是后来有人说起，没有一个观众发现董卿在这短短的三分钟里经历了怎样紧张的危机，又是如何通过自己的智慧和主持能力，将它完美解决。

我想这就是一个主持人职业素养的体现。作为一个普通人，我们不必像董卿一样做到极致，但也完全可以学习她这种随机应变的能力。有临场发挥能力，我们才能在任意的交谈场合说出得体的话，解决可能出现的问题。

要知道，任何一场交谈内容都是不可提前预设的，所以我们每一次张口和人聊天，都可以看作是考验我们临场发挥的一次契机。懂得临场发挥，才能提升自己的语言表达能力。否则，就算你提前在腹内打好一万次草稿，也不一定能应付好一次随意的谈话。

交往中很多人都有这样的问题——在自己该张口的时候，不知道应该怎么说，不知道该怎样表达自己的想法和情绪。

有的人是过于害羞，在众人面前不好意思开口讲话，有的人则是心里清楚，却说不出来，表达出的意思不正确，不能很好地即时传达自己的想法。如果给他们一些时间，也许他们能准备好自己的发言内容，但要他们立时立刻就说出口，他们却很难做到。

这就是不懂临场发挥了。如果他们能够有董卿这样的素养和能力，我相信日常交谈是绝对难不住他们的，甚至他们说出的很多话都可以成为金句。

那如何成为董卿这样会说话的女人呢？

若你有心的话，可以在平时多做一些积累，去阅读学习，记下一些经典的语录、句子。董卿就有这样的习惯，她不仅喜欢读书，而且遇到那些经典的句子就会抄写下来，甚至还乐于将自己的摘抄和粉丝分享。因为长年日积月累，在身处于合适的环境时，董卿可以自然而然地将那些名人金句说出口，这就很大程度上提升了自己的言语内涵。

你看她好像是即兴发挥的，但其实是源于生活中的潜移默化。优秀的临场发挥能力也并不是临时才有的，同样需要深厚的功底积累。

经常去摘抄经典，没事读一读，不仅可以学习别人如何说话，更能将有深度的话语化为己用，提升自己的思想和言语深度。

想练就好的临场发挥能力，就不要怕开口，不要做一个在公开场合怯懦于说话的人，不要放弃那些可以让自己表达的机会。如果你不敢在众人面前发言，就应该有选择地练习和克服这种恐惧。简单举个例子，你可以去会议室，在空无一人时站在台上发言，下面没有观众，就不会给你带来恐惧和心理压力，而你可以迅速地适应站在这个角度和别人交流。这样下一次站在台上发言时，你的紧张程度就会降低，思维自然清晰起来，临场发挥能力也就得到提升了。

记住，跟别人讲话时，不管对方身份如何，不管面前是一个还是百个人，你应该关注的都是自己，而不是对方。你要关心自己的肢体语言是否到位，时刻思考自己的思路是不是清晰，调整自己的发言内容以把握节奏。当你做到这些时，更不必去看别人的脸色了——因为你的发言已经足够完美。

任何优秀的临场应变能力都是经验积累出来的。一个没有经验的人，往往不能够很好地应对意外场合，不管是在众人面前演讲，还是在交际过程中遇到突发情况，能够游刃有余处理事情的一般都是有经验的人。因为经验可以让他们变得更加冷静，也能迅速根据类似的经验，找到处理办法。所以我们想要锻炼自己的临场应变能力，一个很简单的办法就是让自己多去体会，什么都感受过了，自然就不容易紧张失措了。

只有历经千帆，才能泰山崩于前而面不改色，道理就是如此。

想要成为像董卿这样有魅力的女人，需要长时间的坚持和努力。她之所以独一无二，就是因为能将一种习惯坚持几十年的人，唯有她而已。所以，我们也应当将提升自己的言谈当作一个长远的目标，一直坚持，就终有达成的一天。

5. 掌控分寸感，才懂恰到好处

讲话应该有分寸感，这可能比任何舌灿莲花的技巧都更加重要。一个会说话的人，首先应该懂得什么时候该点到为止，知道在什么场合说什么话，这就是一种分寸感。很多时候并不是说的越多的人就说得越好，一个人总是滔滔不绝，反而容易过犹不及，把握说话的节奏、时间也是一种掌握分寸感的表现。

说话的分寸感，董卿就掌握的非常好。作为一个主持人，她首先具备良好的把控节奏的能力，知道什么时候该说什么话、该说多久话，多一句也不说，少一句也不行。看着节目里的董卿，我常常觉得她开口说的话，就像画家画龙点睛的那一笔——虽然讲话不多，但十分精妙到位，经常起到升华主题、串联内容的作用。

这大概就是一个主持人的分寸感。

除了把控节目的节奏和时间，董卿在讲话内容上也很注意分寸，从来都很照顾谈话对象和观众的心情，不说那些会让对方觉得不快的话。有些主持人平时做得也很好，但总有那么一两次不小心说错了话，就容易让台上的嘉宾觉得尴尬，抑或是引起台下观众的负面反应。但董卿很少出现这样的问题。

譬如在她主持《中国诗词大会》的时候，曾经迎来这样一位选手——一个只读了四年书就辍学务农，却半生都挚爱诗词的普通农民。

这位大叔前半生大概也没曾想过，自己有一天能站在央视的舞台上。他忐忑不安又带着局促，还带着小心翼翼的期待，这是对自己所热爱的事业和梦想的期待。

大叔自己也是忐忑不安的，而台下的观众也大多明白——他的追求令人感动，但在这个残酷的较量场上，大叔未必能比得过那些强悍的年轻选手。

对待这样一位热爱诗词，但又极可能竞争力不强的选手，主持人的措辞一不小心，就可能伤害到对方或者让对方陷入尴尬。有的主持人可能会渲染煽情，利用此刻的气氛引爆人们的泪点，还有的主持人可能会给予大叔鼓励和期待，但避而不谈他可能的失败，而董卿独辟蹊径，从另一个角度给了大叔一个圆满的答案。

她说："因为那诗啊，就像荒漠中的一点绿色，始终带给他一些希望，一些渴求，用有限的水去浇灌它，慢慢慢慢地破土，再生长，一直到今天。

"所以即便您答错了，那也是这个现场里，一个最美丽的错误。"

你看，你是怀着对诗词的热爱来到这里的，这就是诗词和文化的魅力。能有这样的热爱，已经是难得，所以即便是错了也不要紧，也是现场最美丽的错误。

这不仅肯定了大叔的梦想和追求，也告诉他，错了，并不是一件令人难为情的事情，很好地缓解了大叔的紧张。董卿并没有避之不谈可能的错误，但也没有尖锐地指出、不给大叔留面子，这种既有深度又有分寸的表述，不仅得到了所有人的认可，让他们感动，也给了所有选手以尊重。

这就是一种有分寸感的讲话方式。所谓情商高的人，所谓懂得说话分寸的人，其实都非常简单——不过是他们知道照顾别人的感受罢了。因为他们乐于去照顾别人的想法，去体会别人的感情，所以才能在讲话时掌控好该说和不该说的内容。

而很多人的直白和大大咧咧，不过是因为懒得将别人的感受放在心里。因为不在乎别人，甚至可以说是不尊重别人，所以才总是说出没有分寸的话来。这样情商低的表现不值得我们宽容，所以每个人在社交场上都应该明白，以同理心去对待别人，说话时一定要有分寸。

成为一个说话有分寸的人，并不意味着我们一定要走到像董卿这样的位置，将话说得如此完美。只要你能够掌握好该开口的时机，具备足够的情商和察言观色的能力，就能控制好自己的话语。

若是你说，不知如何做起，不如先从小处着手改变。

先是避免口无遮拦。说话有分寸的人绝不会“心直口快”，想到什么就说什么，最容易祸从口出。也许你说的话正是别人避之不及的痛处，而你只要冷静想想就明白，自己不该说；也许你说的话是别人的秘密，而你曾经答应过对方，不告诉他人；也许你说的话是夸张的内容，事情的本质并不是这样……这些话，只要在张口之前稍微想那么几秒钟，你可能就会将话吞回去，但过于“心直口快”，不给自己思考的过程，就很容易把不该说的话说出来。

口无遮拦，必然易招来麻烦，做个说话有分寸的女人，绝不可以养成这样的坏习惯。

分寸，意味着我们要懂得一些话语禁忌。不同的人喜好不同，面对这些人，我们应该要了解他们想要避免谈论的问题，然后尽量少去提及。这就是照顾别人感受的一种表现，若是你总是提起他们不想谈论的话题，自然会招来别人的厌恶，还有可能伤害他人，谈话氛围当然不会好。

而总有一些话语禁忌是常识，我们更应该避免，不要轻易谈起，这就是一种分寸。

比如对于双方之间可能有争议的话题，尽量不要谈。一旦产生争论，若是大家所持的意见不同，很有可能就让原本融洽的气氛变得剑拔弩张，甚至还会演变成吵架。

对于那些不熟悉的人，不要贸然谈及收入或工作的问题，也不要打探别人的私人情况。我相信，如果你们的关系到位，或者有必要谈及这些问题，他们会主动告诉你。若是对方已经无意提起，你还一再追问的话，不仅显得过于八卦，而且会引起别人的警惕和防备心。

这样的行为只会让人觉得你喜欢探听、多管闲事，对塑造优雅的形象没有丝毫帮助。

最后一个讲话有分寸的人，一定可以很好地把握好自己的话语轻重。对于敏感又聪慧的人来说，跟他们谈话，不必说得太明白，尤其是批评或建议，说得太直白，反而容易伤害他们。想要点拨别人，就要知道响鼓不用重锤，将意思传达到位就可以，话语一定要把握好轻重。

聪明女人知道点到为止，话说得合适就行了，反而不必说得太透。这就是为什么，我们常说“和聪明人说话不费力”的原因，有些言语，不必说得太过，反而令人愉悦。

6. 走进内心的捷径是倾听

作为一个优秀的主持人，董卿不仅会说，而且会听。她向我们展示了倾听的力量，原来保持沉默也可以很动人。

在《朗读者》中，每一期节目都会请一位嘉宾来朗读，而董卿还会和嘉宾谈起朗读背后的故事。此刻的董卿，大多数时间都是一个倾听者，她像绿叶一样衬托着嘉宾，又帮助他们理顺思路、协助他们讲一个故事娓娓道来。

这个节目最终能够如此火爆，与董卿强大的主持能力是分不开的。正是因为董卿在主持时，展现出了极高的职业素养，懂得在什么时候沉默、什么时候点睛，抛弃了那些虚假夸张的煽情，才让一场场对话变得温情脉脉、感人至深。

这档节目朗读的不仅仅是文字，更是人生。能让嘉宾们放下心防，去畅谈人生和感慨，就是因为董卿的那种亲和力。她永远像一个真诚的朋友一样，坐在对面默默倾听，每一位嘉宾便不知不觉将自己的心声说了出来。

有一期节目的朗读者是徐静蕾。在回忆起自己的奶奶时，沉浸在回忆当中的徐静蕾忍不住哽咽了，她想起了与自己感情深厚、影响了自己一生的奶奶。我想每个人见到这一幕都会有些感同身受，因为我们每个人的记忆里都有那么一位长辈，曾陪伴我们长大，又在成长中走散。

若是一个一心想要挖掘爆点、汲汲营营的主持人，面对这样一个很容易吸引观众的话题，面对徐静蕾这样强烈的反应，也许会忍不住不断煽情，并且追问徐静蕾关于奶奶和她的过去。但董卿却没有，她真正体现了一个人的人文关怀，在此刻充当了一个完美的倾听者角色。她没有张口说话，沉默地倾听着，但你从她的眼神中可以看到，她对徐静蕾是非常关心和理解的。看到董卿这样的表现，你会忍不住去想，她是不是也想起了自己的那样一个长辈，是不是也感同身受、内心激荡？而作为嘉宾，看到采访的主持人这样关切又深受感染，对自己这样尊重和理解，一定更加感慨吧。

也正因如此，嘉宾才愿意将自己内心的声音表达出来。

徐静蕾从这个情绪中走出来之后，将自己的故事讲完了。那个董卿沉默等待的瞬间，成为《朗读者》节目当中最为动人的时刻之一。当你看着她们的时候，会觉得那一刻沉默就是最好的应对，那一刻，我们只需要倾听和感受。

适当的倾听，就是有这样的效果，短暂的沉默反而能够让情绪走向一个高潮，而倾听也是对他人情绪的一种尊重。

若你想在社交场上游刃有余，也许你可以不太爱说话，但你一定不能不懂倾听。

大多数人都有表达的欲望，只是有的人将内心的话说了出来，有的人却缺乏那种勇气和机会。但总而言之，所有人都愿意表达自己的想法、说出自己的声音。因此我们总在不停的倾诉，诉说着我们的经历和情感，想要将这些话说给别人听，并且从对方那里得到反馈，最好是得到支持与认可。若是那样，我们就能从内心产生满足和快乐。

所以倾诉可以说是人们的一种本能。在跟别人倾诉的过程中，我们就在满足自己的情感需求，因为每个人都有想要诉说并且得到别人支持的欲望。

在这种情况下，如果对方能够成为一个认真的倾听者，对我们来说就是格外值得珍惜的。所以会倾听的人，获得的朋友往往会比别人更多。

不过很遗憾，大多数人都乐于倾诉，很少有耐心专门倾听别人的发言。这就意味着，成为一个合格的倾听者很难，但也有很高的价值。

你要始终记得，社交舞台就像主持人所处的节目，任何人都有可能成为主角，任何人也都有可能成为聚光灯的焦点。当你不是那个主要角色的时候，你就得承担好主持人的职责，调动舞台氛围，并在合适的时候学会沉默倾听。

在我们该成为绿叶的时候，若是总想着喧宾夺主、频频抢断发言，不仅不会让自己成为焦点和受欢迎的角色，还容易引来别人的排斥。

一个优雅得体的女人，从来不啰唆聒噪，她们甚至在大多数时间都是沉默的。但她们也没有有利于人群之外，因为她们懂得尊重别人的谈话，做一个专注的倾听者。

你沉默地用眼神追随着别人，沉浸在他们的陈述中时，就已经成为对方眼中的一道风景了。

学会倾听比拥有好口才更加重要，一个会说话的女人更应该先学会听。当你的倾听对象更加优秀，你可以从倾听中学习，这不仅是知识和经验的学习，还是表达、说话的学习。先听懂了，你才能会说话。

即便你倾听的对象言论并不十分精辟，听也是一种提升修养、维护感情的方式，更是对别人表达必要的尊重。很多时候，说的内容并不重要，双方倾诉和聆听的过程才是最重要的。说的人因为找到了听众而获得满足，有时并不在意你是否认同；听的人凭借耐心和善意建立更深的感情，也不必过多追究对方说了什么。

让别人感受到我们倾听的认真很重要，不仅从语言、态度上，更能从行为上体现出来。一些细微的表情、动作可以展示我们的专注，让我们的倾听质量变得更高、与倾诉者的互动更好。

譬如，你可以面向你的倾听对象。我们说话时总是喜欢面对面，即便我们哪怕背靠背，也能将自己的声音传入对方的耳中，但基本没有人会这样做。这是因为，我们希望从对方那里得到神情的回馈，尤其是渴望看到积极的反应。

没有人喜欢听众在自己说话的时候表现得漫不经心，那些不专注的态度，很容易让谈话者失去表达的兴趣。因为你明确传达了“不感兴趣”的想法，而对方感觉到自己不受尊重。所以，做一个好的倾听者，一定要避免传递给对方这些负面信息。

我们要表现得足够专心，才能给对方尊重。

倾听时，我们还可以注视着对方的眼睛。眼睛是心灵的窗户，靠近对方心灵最快速、直接的渠道就是与对方实现眼神交汇。尤其是在交谈时，看着对方的眼睛可以表现出你的专注与尊重，更能展现自己的自信与从容。

一个人如果连直视对方眼睛的勇气都没有，就会显得自卑怯懦、举止失当，十足的“小家子气”。做一个成功的受欢迎女性，就要习惯于直视交谈对象的眼睛，这不仅是在尊重别人，更是对自己的肯定和尊重。而且眼神的交汇会让对方升起更多的倾诉欲望与底气，双方的交谈将更容易进入白热化状态。

做一个倾听者有时并不难。如果你做得不是很好，就想一想——当你说话时，希望别人做出怎样的回应呢？然后，用这样的态度去对待别人，去聆听别人的话，你就可以提升自己的倾听能力了。

倾听，本身就是一种推己及人的体贴。

7. 幽默感是魅力的添加剂

有幽默感的人往往是很有魅力的，尤其是在一些特殊场合下，你可以用幽默化解许多原本棘手的问题。

董卿的主持生涯里，就有过许多次神来的幽默之笔。

了解她的人都知道，董卿曾经参加过很多次的春晚主持。在2009年的那场春晚的首次彩排上，轮到董卿主持的时候，舞台上发生个不大不小的尴尬事。

歌手王莉上台时，意外不小心摔倒了，一下子单膝跪倒在舞台上。虽然王莉很有专业素养，摔倒了也没有影响表演和舞台效果，但这个明显的失误还是让整个气氛变得有些尴尬了。

此时，不管是提及这个失误还是避而不谈，似乎都不是一个特别好的处理办法。

董卿看到了，临场发挥了一段话，大概意思是：

在刚才，歌手王莉不小心摔倒了，但是摔倒并没有影响到她的演出效果。你看，春晚就是这么一个舞台，最终能站上春晚的演员都是优秀的，大家都是经过无数次摔倒和爬起，才走到了今天。

这样的话语不仅缓解了王莉的尴尬，也用轻松幽默的方式将这个小失误化解了，让人听了忍不住会心一笑。同时，董卿的幽默还很有高级感，并不是低俗的笑话，我们总能从中听出些可以反复回味的深意来。

在主持过程中，幽默就像是正餐之外的一杯下午茶，虽然并不是十分必要，但当它存在的时候，你的心情会变得舒适而放松，整个人的状态都不一样了。

董卿在前些年也曾经引起过观众的热议和关注，原因就是和刘谦搭档了一场魔术节目。为此，董卿没少质疑是不是给对方当了“托”。一开始，董卿特别委屈和不理解，觉得自己的工作被误会、曲解了，但是后来，面对这个可能有些敏感的话题，董卿已经处理得游刃有余了，甚至还能用上自己的小幽默。

2013 年的年底，一场综艺节目《直通春晚》播出了，在演出过程中有嘉宾的点评环节，导演在点评杂技演员的时候，又调侃了一把“董卿当托”的传闻。

导演说：“在董卿被全国网民质疑当托之前，杂技是每年春晚大家最期待的节目。”

董卿听了这样的调侃，并没有像刚开始那样感到有些委屈，反而以一种非常放松、举重若轻的态度对待，笑着说：“后来被魔术抢了风头。”

这一对一答之间，就让观众体会到了他们的幽默。

能成为一个懂幽默、会玩笑的人，你就能将一些原本乏味的内容说得精彩纷呈、引人入胜，这是非常有用的说话技巧。但培养幽默的能力并不容易，因为“幽默”真的是一种万中难寻的天赋。才华可以通过后天的训练来培养，但是很多人就天生缺乏“幽默细胞”，不仅不会展现幽默，还不能理解别人的幽默。

具体表现在，别人说了一个笑话，她可能半天都get不到点上，简直就是在对牛弹琴！你要是这样不懂幽默的姑娘，还是放弃走幽默路线吧！硬是往这个方向靠拢，只会让我们成为“冷笑话大王”，冷场更严重了。

但是，如果你恰巧有那么些幽默天赋，只要平时多观察周围，培养足够的想象力，大多数人都可以出现妙语连珠的灵光一现。而生活中的幽默多来源于我们真实的人生经历，有足够的生活经验积累智慧，我们才能以幽默的态度和眼光去看待问题。这就是为什么要开阔眼界、长见识了，因为我们的修养和气质都会体现其上。

我曾经遇到过一个姑娘，可以很好地处理那些让她尴尬的场面。她不是主持人出身，但因为能说会道，常常担任单位的活动主持人。有次，在一场挺重要的主持活动上，姑娘突然忘词了，站在台上沉默了半天都没接上话。

此时她的旁边并没有搭档，也没有人能帮助她解围。姑娘沉默了大概两分钟，想起了串词，但是这时突然把词接上又显得很突兀，于是她干脆大大方方将自己的错误摆到了台面上来说，笑着说：

“今天在场的来宾都是重量级的，我们大家都想把最好的一面展现出来，心情都是激动的。你看，我就紧张得都不知道说什么好了。”

下面立刻想起了一阵善意的掌声，领导和来宾也因为这句话笑了，姑娘则顺利地接下了原本的主持词。

有的时候，我们总要有一点这样的幽默能力，才能在一些场合中发挥自己的风采。而幽默，也是要适当的。

一个优雅女人的幽默是高级的，绝不是胡乱开玩笑。总是胡乱开玩笑，甚至不分场合地说出过分的话，不是幽默，只会让别人愤怒。这不仅显得我们不懂看眼色，也很难塑造一个大方得体的良好形象。你的幽默应该是高级的有趣，至少先要保证说出的话是得体的，再来考虑是不是足够好笑。

尤其要注意，不要随意打趣其他人。若是你开玩笑的点正是对方非常在意的地方，他们听到了你的打趣只会觉得难堪，并不会觉得开心。

有些场合就是绝对不能开玩笑的，比如严肃的会议阶段、繁忙的工作时间、他人在认真交代工作的时候，我们要用同样认真的态度对待，就不适宜开各种玩笑。

同时，你还应该自由把控幽默的“度”，尤其不要经常将自己作为开玩笑的例子。经常开自己的玩笑虽然很安全，也能体现自嘲的情商，但对我们的形象可能有不利影响。一个总是把自己放在被调侃的角色上的女人，也容易让别人觉得你可以被开玩笑，时间久了，就不容易得到应有的尊重。

女性总是更在乎自己的形象包袱，而这也不是毫无缘故的，若是你表现得不那么在乎，一些分寸把握不好的人不会觉得你是幽默，反而觉得你是可以随便对待的。我们不能要求所有人都能领会到我们的幽默感，只能自己维护自己的形象。

董卿用自己的真实经历向我们展示了，幽默和有趣不是一场独角戏，一个说话有趣的人不仅仅自己讲话幽默，而且会理解别人的幽默，会给别人恰当的幽默捧场，让所有人都快活。这是很重要的，如果你不能理解别人的幽默感，跟不上周围人的节奏，也很容易被排斥在外。

只有懂得幽默、会表现出幽默的女人，才是最知情识趣的聪明人。

第七章

精致的形象，承载无言的气质

1. 懂得自律，永远保持最好的状态

能够时刻保持精致形象的女人，是值得佩服的。坚持一件事并不容易，能在任何时候都给别人展现出良好得体的形象，就意味着不能有一时一刻的放松，这更是一种难以做到的坚持。

想要有精致形象，先得懂得坚持和自律。

董卿的自律，让她能够数十年如一日地保持优雅。你是否看到过她在舞台上露出疲惫的样子？哪怕站在台下时，她已经困乏得睁不开眼了，只要走上台就还是精神焕发、光芒万丈的那个董卿。

你是否看到过她有打扮不得体的时候？哪怕私下董卿最爱运动休闲的打扮，她也永远能挑选最合适的礼服，将最恰当的形象呈现在舞台上。

对于董卿而言，主持是她的工作，而确保自己在工作时以最体面、优雅的形象出现，则是一种使命。

董卿曾经在上海做过许多年的主持，她当时的搭档是林海。后来林海曾经回忆董卿过去的状态，他说，董卿是个很爱读书的人，又不喜欢去吃喝应酬，所以哪怕出差的时候有别人盛情款待，董卿也总是婉拒，宁愿在酒店里看书看到半夜。

对现在的董卿来说，这也许已经成了她的生活习惯。而尚且年轻的时候，她一样能做到这一点，是多么不容易！

毕竟对于年轻的主持人来说，地方电视台的工作待遇其实并没有那么好，很多时候主持人能去外地参加活动，得到当地的盛情款待，就是一种很不错的福利了。再加上年轻人多半爱热闹，更是难以推拒这样的聚会。

可董卿却不同。她曾经在悉尼主持过一场和国内联合的华人晚会，悉尼当地的企业家和团队都盛情邀请节目组出去游玩吃喝，但董卿每一次都坚决拒绝，宁愿窝在宾馆里吃盒饭。

到底是什么理由让她如此坚持呢？在别人看来，董卿的理由甚至是站不住脚的，是有些可笑的——她担心，万一在外面吃坏了身体怎么办？在上台之前必须保持最好的状态才行。

她是这样重视自己的工作，连一丝一毫的风险都不肯忽视。

正是因为这种不曾懈怠的态度，才让她时刻保有精致的形象，把最美好的一面展现给了观众。能够在关键时刻一直保持好的状态并不容易，这需要如同董卿一般高度的自律，这种自律，本身就是极为珍贵的。

所以，哪怕当年的董卿并没有非常大的名气，虽然在上海本地备受欢迎，但是全国范围内并无多少人认识，她还是全国大赛上赢得了评委的一致认可，成为“金话筒”得主。

2001 年，央视西部频道成立了，董卿也借此机会从上海来到北京。很少有人知道，董卿的这个机会是从当年“金话筒奖”的评委尹力那里获得的。在成立新频道的时候，尹力第一时间就想到了当时那个惊艳自己的年轻人，然后力邀她参与到新频道的工作中。

是金子在哪里都会发光，有着董卿这样一丝不苟的态度和时刻的自律，就算在一众激烈的竞争者中，你也能凭借自己的风采脱颖而出。董卿不就是如此吗？她所拥有的机会，和别人眼中令人羡慕的好运气，其实都是自己的坚持换来的。因为始终自律，所以始终呈现出最好的状态给观众、评审，才能在业内外获得一致好评。

自律真的很重要，每个活得精致的女人，背后都不是懒惰、轻松和放肆的；相反，她们必须以极大的毅力来克制自己的某些欲望，才能始终保持最好的状态。

我们常常羡慕那些舞台上光鲜亮丽的明星，好像每天的工作就是在聚光灯下拍照，负责“美”就够了。只要如此，就能轻而易举地享用普通人渴求的奢侈品，享受平凡人追求不到的精彩人生。

然而明星的生活也是靠难以想象的付出换来的。很多女明星为了保持身材，一年到头只吃低热量的健康食品，连放肆享受一顿火锅、一次蛋糕的机会都很少；为了维持曝光，她们经常连续几天工作、跑通告，只有几个小时的短暂休息时间，而且不能在人前表现出疲惫；年少出名的童星，在同龄人还享受青春和自由的时候，就已经体会到了在片场读书、躺在地上匆匆休息的辛苦状态……没有足够的自律，很难坚持在这条路上走下去。

所以，付出和收获总是能画上等号的，没有人的精致和优雅来得容易，哪怕是含着金汤匙出生的人生赢家，想时刻保持良好的形象，一样要不断花费心思。

气质无形，但却能在我们的举动之中表现出来。我们中大多数人都想追求如同董卿一样的优雅气质，想如她一般有良好的体态、动人的举止、深厚的修养，却没有她那样的自律。这样一来，畅想就永远只是畅想，很难实现了。

想要实现，你就得跟自己打一场“硬仗”。想像董卿一样，在人到中年时还拥有好身材？那就从现在“管住嘴，迈开腿”，自律一些，控制好自己的饮食，少摄入过多热量，多吃健康的食品；实践自己的减肥计划，让运动不仅仅挂在嘴边……坚持下来，你不仅会拥有好身材，还会有健康的身体，更有精神十足的状态。

想像董卿一样，在言行举止中体现出优雅？那就注意自己的仪态和说话，行如风、坐如钟，不要总懒散地瘫在椅子上，显露出一副疲惫又没气质的样子，也不要总是口无遮拦，注意自己说出口的话，气质自然就能得到提升。

想像董卿一样，拥有良好的品位？平时多积累，没事多琢磨，提升自己的审美能力和思维深度，才能全方位提升我们的品位。做一个有审美的人，不仅仅意味着打扮得不俗，更意味着我们所坚持的生活状态、人生规划都是有品位的，这能从根本上改变你的一生。

自律的人才会成功，要做一个精致的女人，能在任何时候从容优雅，淡然前行，就一定要足够自律，也只有足够自律，才能让我们走向更好的未来。

2. 得体大方，不必雕饰也美丽

一个女人若是能够做到得体大方，就已经足够美丽，很多时候比长得漂亮更加重要，也更能让人觉得有魅力，至少董卿就是如此。

在气质的支撑下，哪怕董卿以素颜的样貌出现在人们面前，我们也会惊讶地发现——她的美，一点都没有打折扣。

2013 年，董卿担任“五月的鲜花——全国大学生文艺汇演”的主持人，在节目之前，按惯例开始了紧张的排练。

那天彩排在央视一号演播大厅进行，董卿拿着演讲稿走上台去，人们才惊讶地发现，她竟然是素颜上场的。因为彩排不会播出，大家更关注节目的流程安排，所以主持人往往并不会穿得十分正式。但即便如此，大多数年轻的女主持还是非常注意自己的形象，生怕自己不化妆的样子被别人拍下来，放到网络上，招来观众的非议。

董卿则没有这样的顾虑，她相当大方地选择了以自己最舒服的状态来参与彩排，并不担心素颜的样子会被别人贬低。哪怕她并没有化妆，身上穿的也只是休闲运动服，有了那种发自内心的自信和大方，她就有了最好的装饰品。

只要足够得体大方，即便没有化妆品的装饰，没有华美服饰的点缀，我们的美丽也不会减少，因为气质并不因这些外物而改变，气质卓然，意味着一切修饰都可以舍去。

看过了董卿的素颜之后，现场的工作人员不免感慨道，她的素颜一点都不丑，不化妆的时候反而更显得年轻有气质！

没有了妆容和礼服，反而让董卿身上的那种亲和力更浓厚了，也让人们更愿意将目光放在她本人身上。人们大赞，董卿在彩排过程中，主持十分认真，一直在坚持跟负责人沟通节目，即便没有轮到自己，也坐在舞台边关注着台上的节目，不断思考和记录。

虽然彩排并不会播出，但大多数时候，董卿也都尝试着脱稿，并不因为这场主持活动不正式，就敷衍对待。

这种对工作的认真，又成全了她的形象。此时，素颜上阵、简单装扮反而成为了一种优势，正因为没有外物喧宾夺主，人们才更愿意将注意力投入到董卿本人的言行上。

所以对一个真正有魅力的女人来说，过度修饰的外貌反而是一种负担，会让人们将注意力都放在自己的外表上，忽略自己的气质和内涵。

我们要做也应该做董卿这样的优雅女人，哪怕不化妆、不打扮，只要以大方得体的形象站在别人面前，就能够得到别人的赞赏和注目。这就意味着，你的气质已经足够吸引人，你真实的面貌就已经足够美丽了。

如何做一个足够大方得体的女性呢？

一个大方得体的女人，一定是有亲和力的。董卿作为知名的女主持人，身上最大的特点之一就是富有亲和力。不论她跟什么样的嘉宾聊天，不论对方的地位身份如何，董卿永远都是眉眼弯弯、温柔可亲的模样，让人看着就忍不住产生亲切感，忍不住想向她倾诉自己的内心。

这种亲和力，能让我们赢得别人的喜爱，也塑造一种独特的气质。有亲和力的女人往往都是有内涵的，同时懂得尊重别人，所以才能在言行举止中给人带来舒适的感受，让人想要主动亲近。有亲和力的人也是温和而有礼的，过度尖锐的性格和表现，无法给我们带来亲和的气质。

大方得体的女人，外在应该是和谐自然的。我们可以追求美妙的仪态，但一言一行应当自然，过于夸张，难免显得做作。漂亮的服装可以提升我们的形象，但选择的衣服也应该符合我们的职业、年龄，符合一定的场合需求。

很多人不懂得简单大方服饰的高级美，总爱把自己打扮得如同圣诞树一样耀眼。殊不知这样的装扮不仅过于隆重，而且常常拉低我们的气质，甚至容易变成旁人眼中的笑柄。

有气质的打扮，往往都是简单的，好的材质、合体的剪裁，可以提升服饰的高级感，我们完全可以不动声色提升气质，不必总是想着夺人眼球，后者反而容易弄巧成拙。

同样，清新自然的妆容可能比浓妆艳抹更显得和谐。我们可以像董卿一样，只要足够自信，素面朝天也可以非常美丽，我们也可以选择适当化妆，以更加精致的面貌给自己增添信心。唯独要注意，精致不一定意味着夸张，适当而不过度才是最美的。

这里我们提到了一个词——自信。大方得体的女人，一定不能缺少自信，自信能给我们一种力量，让我们不自觉地挺胸抬头、眼神有光彩，由内而外散发出一种不一样的精气神。董卿之所以能够素面朝天依然落落大方，就是因为对自己有自信，所以哪怕穿着最朴素的衣服，站在舞台中间也是独一无二的主角。一个人若有自信，气质便自然而然地来了，自卑者则会畏畏缩缩，言行举止中都透露着摆脱不掉的小心。

有气质的女孩一定是自信的，这一点毋庸置疑。当我们自信起来的时候，传递给别人的信息都是健康的，积极的，自然也会更受欢迎。

大方得体也意味着要有足够的品位。不管是穿衣打扮还是首饰佩戴，抑或是形象设计，都得有足够的品位，才能呈现出大方得体的状态。有的时候品味就体现在细节上，能够在合适的场合打扮成合适的样子，这就是一种有品位的体现；能够在别人都关注妆容服饰的时候，好好打理自己的头发、鞋子，这也是一种精致到每一处的有品位；能够在聊天中谈论起一个有一定深度的话题，这也是审美上的品味……有的时候气质是由品味决定的，你的品位高低，影响着你的选择，最终呈现出来的效果也是不一样的。所以做一个气质良好的女性，品味和审美一定要提升。

大方得体的女人往往都会说话，有很好的处事能力。她们知道在什么时候该说什么话才是恰当的，会用言语和行为巧妙处理一些突发事件，恰到好处地把握处事的态度，不过度张扬，也不过分低调，却能把一件事做好。若是能做到这一点，你就一定会得到别人更多的关注和赞美，人们也更愿意将目光投注在你身上，投注在那些外貌之外的地方。如此，才能成为一个受人尊重的气质女性。

这就是董卿教给我们的处世之道。即便她素颜出场，脱离了镜头下的光环，一样拥有着无以伦比的气质，就是因为她足够大方得体。

3. 气质女人，知性比性感更重要

性感的女人当然是美的，但更多时候，一个有气质的女人更需要知性，知性比性感更重要。

知性女人的气质是端庄大气的，不仅让你觉得美，更有凛然而不可侵犯的高贵，让人发自内心尊重。活成有尊严的样子，比取悦别人更重要，而知性也比性感更难得。

撒贝宁就曾经说过，董卿是个感性又知性的人。

作为一个主持人，董卿的知性气质不仅为她塑造了良好的个人形象，也对她的工作有直接帮助。在很多访谈类的主持现场，哪怕事先大家已经对过无数次台本，但嘉宾和主持人的交流也不能提前预设，现场总会出现意料之外的情况。

很多细节，一般人是发现不了的，但董卿总能在这些问题上，关注到当时大家想不到的点。这种心细如发，就源自董卿在思维和情感上的知性，因为她是一个如此善解人意又聪慧的女子，所以才能在现场体察到微妙的情绪情感，或把控住一些特殊的细节。

比如在撒贝宁和董卿合作主持《挑战不可能》时，参加比赛的挑战者都有着不同的身份背景，他们彼此经历过的事情、和身边人共同体会过的情感都是不一样的。作为一个男主持，撒贝宁就认为自己在这些方面不如董卿那样内心细腻，所以很多时候都要由董卿来发掘挑战者的故事和精力，而董卿也是最容易带动起他们情绪的。

她就是这样一个感性又细腻的人。你看董卿的主持，就会发现她一直都是这样一个善于倾听、善于发掘他人内心情绪的主持人。她常常从女性较为感性的视角去解读一件事，也正因为如此，才更容易打动人心。

董卿的这种思维和性格，决定了她知性气质的内涵，让人觉得充满女性魅力。知性的气质是一个女性真正需要培养的气质，也是真正不会被岁月所摧折的优雅。相反，随着年龄的增长，一个女人经历的越多，对于情感的体悟才会越深，也才真正明白在合适的场合和时机该说怎样的话、做怎样的事，言行举止才会真正打动人心。想要拥有知性的气质，一定要拥有岁月淬炼出的智慧，才能真正收货美。

而董卿的知性气质，不仅体现在内在的聪慧上，也体现在外表恰到好处的装扮上。

俗话说人靠衣装，穿对了衣服，对气质的提升是有正面影响的。董卿这样有知性美的女性，你很难看到她不分场合胡乱穿衣；相反，她的打扮永远是恰到好处的，简单大方的衣服，是董卿最喜欢选择的搭配。

我至今还深深记着，董卿在主持《朗读者》时穿着的一身西装。她一反常态，没有像过去一样选择黑白灰那样保守平淡的颜色，而是穿上了一身粉色的套装。但这种粉又不是艳俗的，浅浅的粉色十分大方，董卿穿上不仅没有装嫩的嫌疑，反而更显得温和可亲、温暖亲和。

这套衣服从头至尾只运用了一种淡粉色，同色系大面积的使用，恰好体现了一种质感，凸显了优雅气质。这种美丽给我留下了深刻的印象，相比之下，那些袒胸露乳、十分清凉的性感礼服，却很少有能让我如此记忆深刻的。

有些人误以为女性的美就是性感，又错误地将性感等同于暴露，所以在生活中，不管是穿衣打扮还是行为举止，都显得过于轻佻，反而大大拉低了自己的形象，影响了自身气质。

譬如去年，我参加了一场公司晚宴，意外地发现宴会上打扮得美的，反而是年长、成熟的职业女性。相反，那些年轻的姑娘本来更有资本展现女性的美，却因为缺乏经验，对性感和美的把握有些偏颇，要么穿得过于华丽繁复，用力过猛，打扮得反而像一棵圣诞树，要么就是选择了过于暴露的服饰，错误地把“露得多”等同于“性感吸睛”。结果，吸睛是有了，却没有得到多少尊重、欣赏的目光，反而显得气质低俗了些，在宴会上反而不够亮眼。

宴会进行了一半，就有不少穿着比较暴露的女孩显得不自在了起来，我想，她们也意识到自己的搭配和对性感的把握出了错，所以才显得那样无措吧！

实则性感是一种隐而不漏的传达，高级性感应该是感性的，是一种有智慧的性感。对我来说，董卿这样的气质本身也是性感的，因为她足够知性，完完全全体现了一种女性的魅力，而这种魅力最终也会感染别人领会到美，这就是一种性感。

穿吊带裙是一种性感，穿白衬衫一样可以非常性感，这种直观的传达足以证明——性感与否不是以暴露多少为判断依据的。我的一位女性朋友就挚爱白衬衫，她常常穿一袭宽大的白衬衫，稍稍露出一点锁骨，长发披散在身后，这就足以令我用“风情万种”来形容了。

而女性最微妙、最高级的性感，莫过于知性。

我曾经问过许多人，你最喜欢的女主持是什么样的？不论男女，不论年龄，最终他们所描述的形象都更倾向于董卿的样子，而不是我们以为的那种性感女主持。我曾经以为男性的审美更偏向于后者，然而事实上他们也更愿意欣赏知性的模样，并打心眼儿里认同，这样的女人是最值得尊重爱护的。

性感本无错，但这种美，一不小心就容易被人解读成低俗，倒不如打造知性的形象，更能给自己的气质加分。

要拥有优雅的气质，最忌讳的就是穿着暴露。在中华文化的影响熏陶之下，我们更欣赏那种含蓄之美，过于大胆奔放了，常常令人觉得跟优雅二字毫无关系。董卿的穿着就从来都是恰到好处的，既不守旧古板，将自己打扮得死气沉沉，又得体大方。

董卿总爱穿同色系的套装，而这样大面积的使用同样的色彩，是最养眼、简单又不容易出错的。很多姑娘总是觉得这样太素了，穿衣服时喜欢选择亮眼、跳跃的颜色，或者是复杂的线条与印花，可一个穿不好就大大拉低了品位，这样眼花缭乱的搭配也很容易脱离“知性”二字。

所以，在穿着得体大方的前提下，也还要记得做出取舍，以简单、自然又有亲和力的装扮为主，这样才能从外在提升。

除此之外，还要注意提升内涵，去塑造知性气质。优雅不仅仅来源于你的行为举止，更来源于你的思维。一个有一定思考深度、善于察言观色并体味别人情感的人，才能说出有智慧的、恰到好处的话。所以，提升内涵和修饰外表一样重要，若是不顾及这些，是很难成为真正的知性女人。

真正的知性，是内外兼修，是美丽与智慧的共融，是比性感更高一层次的美。

4. 在春晚引领风潮，需要美得高级

近年来，春晚经常带起一股“董卿效应”。

这是怎么回事呢？原来，每到春晚节目结束后，董卿在那一天的穿着打扮总是被人热议，女人们津津乐道她又穿了什么样的衣服，涂了什么颜色的口红，并且致力于找出同款。所以每到春晚后，“董卿同款”在电商网站上总是卖得过格外火爆，稍微沾些边的商品都会带上她的名字。

2017 年的春晚，微博热搜榜最火的话题不是关于一向引人关注的流量明星的，而是董卿的口红色号，甚至“董卿色号”的词条都引爆了热搜。一时间，各大品牌类似的董卿色都纷纷卖断货，此时人们才发现，原来一个老牌主持人一样可以拥有这样的国民度和带货能力。

这一点跟董卿的气质与形象是分不开的。

看过春晚的人都知道，作为最重要的传统节日晚会，所有的主持人穿着打扮都遵循着一个风格——喜庆红火。在这一天，不管平时穿怎样高级的“莫兰迪”色，也都要通通换上大红大绿的礼服，才能显出过年的气氛。

就连一众靠颜值吃饭的男女明星们，都常常经不起春晚礼服的考验，而董卿将这样艳丽的衣服穿了十几年，却能一直将其演

绎得端庄得体，这就是真正的气质和美了。

观众的眼睛是雪亮的，董卿能够在穿着艳丽礼服的同时，还显露出这样的魅力，大家自然明白，这才是经得住考验的颜值。所以，董卿的口红色号才成为大家关注的热点，人人都想用同一支口红，变成和董卿一样美丽的样子。

这无疑是对董卿形象的一种肯定。如果不够美，是无法自然而然地感染别人的，更不要说起到如董卿这样的带货能力。而董卿之所以能够在春晚这样一个特殊的舞台上，依然引领风潮，还是因为她展现出了极致得体、大方的形象。

正是因为这种几乎完美的得体大方，让董卿始终能够驾驭住各种看起来极具挑战性的礼服装扮。用一句俗话说，就是能“压得住”那样艳丽的颜色。

没有人天生就有这样的大气和魅力，即便是董卿也是经过后天打磨、锤炼才拥有了如今的气质形象。哪怕是平凡的女性，若拥有了董卿的毅力和坚持，拥有了她那种品味和审美，拥有她的积淀与智慧，一样可以展现出自己的风采，美得高级，美得令人心折。

高级的美，需要优雅的仪态和良好的体态支撑。董卿能数十年如一日在舞台上保持良好的形象，有她自律的形象管理分不开。虽然人到中年，但董卿并没有丝毫懈怠，依然保持着非常好的身材与皮肤状态，也始终仪态优雅，举手投足之间都充满着成熟女人的魅力。

对形象的管理是需要长期坚持的，青春时期的女孩自带优势，那种天真可爱足以掩盖任何仪态不雅的缺点，抑或者身材上的小缺陷。但伴随着岁月流逝，只有真正经得起考验的美才能留驻下来，这时就要看我们是否能在形象管理上下功夫了。

除了外在的形象，内在的思想气质也是支撑高级美的一点。董卿身上这种美丽是经得起考验和挑战的，别人无法驾驭的装扮、无法维持形象的场景下，董卿依然可以将其演绎得楚楚动人、端庄大方。

我们提及过，她曾在舞台上面对年老的嘉宾，选择了单膝下跪以直视对方，表达主持时的尊重，而原因则是“穿着套裙不好蹲下”。若是其他主持，也许情急之间会忘记了这种礼仪，抑或者选择弯下腰与嘉宾说话，但在台下看来都不是那么得体。相反，董卿单膝跪下的行为虽然令人讶异，但动作却依然优雅美丽，而且让主持舞台以最美的方式呈现出来。

这就需要良好的修养和舞台上的急智结合在一起，才能做到了。内在的思想和气质终归会反映在我们的动作、语言、表情上，有人说世界上有两样东西是无法掩饰的，那是爱情和贫穷，那我要说，一个人受过的教育、走过的路、思考的维度，哪怕一时可以掩饰，也终究会在蛛丝马迹之间暴露。有好气质的女人，一定是思维有深度、人生经历丰富的，否则总会显露出浅薄。

所以，高级美的女人，都是有故事、有想法的。

气质高级的女人，一定是独立、执着、有自己想法的。总是走别人走过的路、复述他人的想法，不过是拾人牙慧罢了，只有足够独立、有思想，才能做出别人做不出的选择，并因为自己的特立独行而更有魅力。

我很欣赏的女星艾玛·沃特森就是这样的女性。她是《哈利·波特》中赫敏的扮演者，童年时便因为出演了这个角色火遍全球。长大后，艾玛的美貌并没有消退，反而越来越漂亮，哪怕不需努力，一样可以靠着资历、演技和美丽在欧美娱乐圈横扫奖项。

但是她并未如此，反而遵从着自己内心的想法，走了一条独属于自己的路，将原本就精彩的人生演绎得更加丰富。她成绩优秀，考上了名校布朗大学；她交游广阔，连英国王子也是她的好友，甚至传言还一度追求过她。但艾玛却并没有选择别人眼中梦寐以求的“王妃”之位，反而波澜不惊地走着自己规划的路，为女性权益奔走呼吁，在联合国发表讲话，又为观众奉献许多精彩的角色和作品。

她本来可以有钱又有名，甚至靠着婚姻迈入贵族阶层，但她从来没有这么想过。所以，艾玛才值得那么多粉丝骄傲，甚至他们喊道“她不需要成为王妃，就是真正的公主”。一个独立的灵魂，就是这样高贵美丽。

董卿的魅力也是如此。她是个成名的女主持人，在近些年已经坐稳了“央视一姐”的位置，按理说，像诸多前辈一样安心做一个主持人，已经可以风光一生了。但董卿偏不这样，明知不讨好，还是要去尝试做幕后、制作人，去当一个新人，涉足原本不需要尝试的范畴。这是因为，她从未按照别人的想法去获取那样传统的“成功”，只是独立地走自己想走的路，做自己想做的人。

当她完成了这样的转身之后，人们讶异之余，也不得不更加赞叹了。董卿的意外之选，让我们见识到一个新的她，更有魅力的她，也让我更深刻地认识到，气质高级的女人不是虚张声势，内心都是有想法、有深度的。

她们难以捉摸更难以控制，不因任何人而活，只做自己。这样的女人，才是活得明白。

高级的美不仅仅发于外，更源于内，先有清醒的头脑，再活成美的样子，才是真正高级的人生。

5. 懂得对自己好一点

精致又有气质的女人，一定懂得对自己好一点。

我想董卿一定是一个懂得对自己好的女人。她喜欢读书，喜欢古典文化，所以不仅每天都坚持睡前读一小时的书，还常常在工作之余选择回归校园充实自己。她的工作已经非常繁忙了，若是只一心想着在事业上更进一步，很多时候是难以兼顾自己的爱好的。但董卿却不一样，她很珍惜自己的爱好，并且用尽全力去呵护它，将这个习惯坚持下来。

有多少女明星愿意在事业最成功的时候选择急流勇退？我想很少吧！但董卿却能从容地做出这样的选择，她在自己事业最高峰的时候，远渡重洋去美国，遵从自己内心的指引，去沉淀自己；她在成为央视当家主持花旦的时候，选择了低调回归家庭，与多年的恋人结为连理，并生下一个可爱的孩子……她一直在走一条自己选择的路，哪怕事业对她来说一样重要，但她从未忽略过自己内心的情感需求，从未忽略过自己的理想。所以董卿做过许多别人看来难以理解的冲动选择，也做过一些别人看来吃力不讨好的事情，这些都是为了满足她自己的真实想法。

这就是在对自己好，就是一个女人宠爱自己的方式——她可以永远任性，永远做自己想做的事情，永远成为自己想成为的人。

除了董卿之外，还有个和她有着相似气质的女人，一样懂得在岁月当中享受生活，宠爱自己，并活出真正的快乐，那就是陈数。

在《朗读者》的某一期节目中，董卿的嘉宾就是陈数。这两个女人举手投足之间都带有着成熟的风韵和稳重大方的气质，都有着岁月也抹不掉的女性韵味。她们相对而坐，就一个话题侃侃而谈，或娓娓道来一个温暖久远的故事，在观众看来，就是最应该定格的、惊艳时光的场面了。

当董卿和陈数同时出现在这个舞台上时，我仿佛有一瞬间，觉得她们面对着对方，就像在照镜子一样。那相似的不是她们的容貌，而是两个女人同样温润的气质，同样知性优雅的举止。

这世上如朝花夕露一般容易消散的，莫过于一个女人的青春美貌。即便如此，岁月还是对她们温柔了许多，不仅没有给她们增添风霜，反而让董卿和陈数这样的女人在不断成熟的过程中，积淀自己的修养，打磨自己的气质，展现出一种更加精致的美。

这让许多观众都感叹，如果自己也能在未来成为这样智慧又从容、优雅又美丽的女人，哪怕老去，又有什么值得惧怕的呢？而在我看来，我们不必羡慕她们的生活状态，只要你也对自己好一些，你要可以活出精致。

她们能在如今依然保持着风采卓然，就是因为懂得宠爱自己。

比如陈数，她曾经在采访中说过，自己是一个非常非常自律的女人，一直保持着健康的生活状态。其实，她并非不能喝酒熬夜，或者沉溺于交际，但她认为这些都是与工作无关的事情，是不必要的，更是有损健康的，从自身考虑，她就毫不犹豫地将这些坏习惯拒之门外了。

陈数会在生活的细节上关爱自己，她能展现出一种不符合年龄的年轻。很多时候，正是因为这种心细如发的自爱。她会按时起床，坚持早睡，因为只有这样，身体才能始终保持最佳的状态，才能在遇到一个好角色，遇到一份值得投入精力的工作时，全身心奉献。

她喜欢喝汤水保养自己。很多人都说女人是水做的，经常煲汤来喝，不仅养生而且养颜。但在繁忙的工作状态下，还有多少女人能够抽出时间来关爱自己呢？她们可能宁愿将精力与时间放在丈夫孩子身上，放在繁忙的工作上，也很难想到为自己尽心。做一个女明星，固然能够享受到更多的资源，但工作忙起来比一般人更加疲惫，可陈数却始终坚持喝汤汤水水的习惯。据她自己透露，她仅仅是保温壶就有很多个，有的喝茶有的喝汤药，如果在外拍戏，没有时间煲汤，她也会用专门的保温壶去餐厅买些汤水，始终不忘坚持这个习惯。

这种精致的生活在很多人看来是麻烦的，是要花费过多精力的。但有投入才有回报，若不是因为陈数始终能够坚持爱自己，她又怎么能活成如今这样令人羡慕的模样呢？

陈数多年以来一直坚持练瑜伽，哪怕工作再忙，哪怕自己要凌晨起床，也要提前一个小时在床上做一下简单的拉伸。她认为，这样才能够让自己的身体“醒”过来，才能真正以充沛的精力去迎接一整天的工作挑战。

我想就是因为这样始终认真生活，始终坚持爱自己，她才能一直以光鲜亮丽的状态出现在别人面前。很多女人之所以觉得自己过得越来越差，并不是因为伴随着岁月流逝，自己老了，而是因为她们失去了年轻时对自己的那份关心，失去了年轻时那种认真生活的状态。

她们默认，一个女人的青春不再后，生活也会变得颓废乏味起来，而自己的状态一定是不断下滑的。有了这样的心理，女人们便不再关注自己的需求，她们开始不认真保养了，开始懒得考虑自己想要什么了。哪怕身材走形了，也安慰自己是“年龄到了”，根本提不起精神来减肥；哪怕工作十分不顺，也劝着自己忍忍就算了，根本没有心气和想法挑战一下……正是因为有了这样得过且过的心态，才把好好的生活过成了负累。

人就像一台精密的机器，如果能够好好保养的话，机器可以延长几十年的巅峰状态，始终没有什么问题。但若是因为机器有些老化了，就开始破罐破摔起来，压根儿不注意保养，那被淘汰也就不是什么意外的结果了。

想要拥有精致的生活，先得对自己上心，这在任何时候都是一个颠扑不破的道理。

我们应该给自己列一个计划，安排好自己的生活，让未来的每一天都过得井井有条。而这份计划也指引着我们向自己理想的目标前进，只要能够坚持下去，哪怕最终不能实现目标，也一样可以走到更好的平台，进入一个更好的状态。

我们应该让生活有一点仪式感。记得给自己庆祝一些特殊的节日，庆祝自己的生日、结婚纪念日、恋爱纪念日……我们不必强求别人一定把自己放在心上，但自己一定要记住这些日子。然后在这个特殊的日子里，用或隆重或简单的方式为自己庆祝，享受来自生活的短暂惊喜和快乐。人的一生就应该有这些快乐的回忆，若是我们自己都放弃了爱自己，又怎么能去要求别人将自己放在心上呢?

我们应该舍得“折腾”。不要想着“再不疯狂就老了”，只要你有意愿，有想法，任何时候都可以疯狂一把！我们应该有自由选择人生的权利，想要活成什么样子，我们可以自己决定。哪怕我们想要的结果需要折腾些，也不应该轻易放弃。记住，在生活中舍得“折腾”，才说明你活得生机勃勃。

我们应该把目光放在自己的人生上，不论身处何时何地，都不应该放弃享受生活的权利。那些民国时候的名媛，哪怕是在物质最艰辛的时候，也一样有人可以用铁丝和煤炉烤出香喷喷的蛋糕，享受简单的午后快乐时光，这就是名媛的思维——她们懂得在最艰难的时候依然取悦自己，永远保有对生活的热情。

爱自己，我们心中那份好好生活的火光才不会熄灭，我们想要变得更好的希望才能始终存在。也只有这样，我们才能优雅到老，精致一生。

6. 细节之处最见女人心

优雅的女人绝对不会输在细节上，很多时候正是细节体现出一个女人真正的气质。

当你经常看董卿主持的节目时，就会发现这样一个熟悉的细节——每当嘉宾说话的时候，董卿总是忍不住身体前倾，面部朝向嘉宾的方向，并且始终保持和嘉宾的目光交流。这是董卿主持时候一直坚持，身体前倾，代表着她在专注倾听。

这就是董卿式的优雅，她的优雅不仅仅在于擅长展现自我魅力，更在于尊重他人时流露出的修养。可很多人并不知道，董卿一直坚持的这个细节对她在节目中的个人形象是有些不利的。因为每次董卿身体前倾的时候，就破坏了最美的打光效果，显得脸色也黯淡起来。但董卿从来不在乎这些身外形象，她坚持，一个主持人不应该过多在乎这些，更应该尊重自己的嘉宾。

了解过舞台打光的人都清楚，灯光打得好不好，将直接决定舞台上人的颜值高低。所以，明星都更愿意追求好的打光效果，有些人哪怕要为此放弃一些镜头，甚至影响自己的演出都在所不惜。甚至还出现过，明星走机场自带挡光板，就是为了让照片中的自己看起来气色更好。

在这种情况下，董卿甚至愿意放弃已经为她设计好的舞台光效，哪怕下面的灯光师举牌示意，告诉她前倾的身体已经影响到了灯光效果，她也要坚持。其实这个细节未必有多少人在意，甚至很多人从始至终都体会不到董卿的这种体贴，但她也依然愿意牺牲自己在镜头前的完美形象，去成全自己和嘉宾的这一场交流。

董卿一直都是这样一个注重细节，并且愿意在细节上用心的女人。我们常常觉得，她从内至外都是优雅动人的，甚至因为这种在舞台上的完美而令人产生距离感，这正是因为她愿意关注到每一个细节，所以才能无一处不精致，无一处不妥帖。

在《朗读者》节目中有一期，董卿莫名其妙地因为自己的指甲油色号火了。大量的网友纷纷讨论起董卿的指甲，这一处细节让她的纤纤素手显得特别美丽，引来了不少人羡慕。而我则注意到，董卿的指甲颜色不仅独特又漂亮，更跟她当天的服装颜色、打扮风格形成了完美的统一。我想，指甲颜色说不定也是她特意设计过的一个小细节，以完善自己的形象。

不要以为董卿不会做出这样的事，她可是曾经为了礼服上的一个小装饰，专门致电给服装设计师，要求对方修改的完美主义者。她不仅将这种心细如发用在自己的身上，还将其用在工作的方方面面。董卿经常在彩排时在舞台上排查各个细节，有时甚至会为了一个舞台布景的位置而琢磨半天，只因为不清楚，到底将布景装饰怎么摆放才是最完美的。

她充分向我们展示了什么叫作赢在细节。

有气质的女人必然重视细节。就像我们在购物时，往往是细节决定了商品的价格，同样用途的商品，便宜的与贵的远看，也许并无什么差别，但到手细瞧，贵的那一个必然会赢在细节上。

细节体现了商品的质感，也体现了一个人生活的质感。你到底是在马马虎虎过活，还是在认认真真生活，就体现在你如何应对生活的细节。

懂得关照生活细节，重视每一处小地方，才能在无形之中提升自己的生活质量。

在电影《色·戒》里面，汤唯扮演的王佳芝伪装成了一个富家太太，想要接近梁朝伟饰演的易先生。可是易先生一眼就识破了王佳芝，发现她不是一个真正的上流社会女人，原因很简单，王佳芝不小心将口红印留在了杯口。

上流社会的女人是不会在这样的细节上失误的。曾有人也这样跟我说过，旧上海的女孩总是精致到细节，喝酒的时候杯口绝不会留下唇印，这仿佛是她们的一种特殊能力。所以，只要看这个女孩用过的杯子，就能发现她到底是不是个上海人。

这就是细节的礼仪。有些可以模仿的东西，不过是流于外的，真正到了细节上，却特别容易穿帮露馅，一个女人高级的气质，必然经得起细节考验。

我们应该像董卿一样，将礼仪贯彻到细节。在社交场合懂得交往的礼仪，是散发优雅魅力的基础。不求如同最顶尖的名媛，连头发丝都仿佛设计好了一般，我们至少要做到打扮得体，言行举止有度，同时发自内心的以善意和热情对人，这样才不会在细节上失误。

外在装扮的细节也不容忽视。当你穿上漂亮的衣服，决定款款去赴宴的时候，也记得给自己做个好看的发型，收拾出一双漂亮的鞋子。成年人的世界里，看一个人的地位和生活状态很简单，只有看看对方的头和脚就行了，穿一双干净的鞋子，把头发打理得清清爽爽，你才能走到更高的位置。

很小的时候，我曾经羡慕过一些同学，他们的鞋子永远是雪白干净的。他们的父母总有一方是清闲的，家庭是温馨而没什么压力的，所以能将很多精力放在家人身上，把小家庭维护得特别精心。一双始终干净的鞋，就说明他们的家庭里有个人在费心维持着一切。

而我的母亲每天辛劳工作，看着她那么辛苦，我只能尽力做些力所能及的事情，更不可能要求什么。我的鞋子是自己刷洗的，经验不足，总是洗几次就留下了刷不干净的印记。

我很希望自己也能穿上始终干净的鞋子，不是为了我自己，而是为了这个细节背后的意义——那意味着我的母亲也不再为了生活辛苦奔波、耗尽心力，意味着她有时间去关心那些温饱之外的细节，不必一直这么紧张劳累。

一双鞋子，背后就展现了一个家庭的境况，展现了一个人的生活。

日剧中，就有富家女对出身贫寒的女主说："每个女孩都值得一双好鞋。穿一双好鞋，可以把你带到更好的地方去。"这种穿着打扮上的细节，足以反映一个人的状态好不好，对生活用不用心。

做一个细致入微的人，领会那些生命中微小的欢喜，一样能改变你的人生。细心的女人不仅懂得如何经营每一天，懂得如何从细节上展现自己最美好的一面，也懂得将自己的细心放在体味生活上，这样便将日子里的欢喜放大了，足以取悦自己了。

时光匆匆，于那些焦虑前行的人而言，日子如同白驹过隙，可能还没体会过自己的情绪，一天就过去了；还没真正冷静地思考过未来，一生最好的时光就结束了。但对于细心的人而言，即便时间难以挽留，他们依然能从一分一秒、一时一刻中体会快乐，即便会见过千千万万人、经历过万万千千事，也能从中找到最微小但最单纯的愉悦。

聪明女人都是细心的，细致入微地关照自己，才能精致到骨子里，优雅在方方面面。这种细心足以拂开遮蔽在生活这一袭长袍上的尘埃，让生活焕发出本身的光彩来，让你明白，生活中的每分每秒都是美好的，每一个温暖的细节都值得铭记。

7. 让岁月成为魅力的催化剂

岁月并非总是残酷，它带走了青春，也能给我们留下些什么。

懂得把握岁月脉搏的人，便懂得借助时光的力量，让自己越来越好，而不是空空感叹时间无情、衰老难拒。

董卿就是一个在时光中逐渐成长，变得越来越好的女人。她让岁月成为自身魅力的催化剂，如同精酿的美酒愈久愈香，她也在时间的翠帘重越来越美。

她成功向所有人展示了，什么叫“三十岁之前的美丽源自父母，三十岁之后的美丽依靠自己”。内涵需要修炼，魅力一样如此，我们洒下的汗水和投入的心思，都能为日后的优雅美丽添砖加瓦。

岁月之所以能催化出魅力，首先是因为我们从未停止过充实自己，也从未被外界的浮华改变了模样。

董卿这种成熟的、经得起时间考验的魅力，有相当一部分来自诗书浸染。她爱阅读，在诗山词海之间体味文化的魅力，与千年前的文人雅士用文字交流，这让她不断洗涤着自己的内心，始终保持清醒，保持思考。

正是因为沉溺于诗书，让董卿从未被功名利禄影响过，不管是人到中年走到了足够成功的位置，还是拥有了权势地位、名声财富，她都如同当年那个倔强又青涩的姑娘一样，努力追逐着自己内心真正的想法。“出淤泥而不染，濯清涟而不妖”是形容董卿最好的词句，她跟那些“中年油腻”的男女不同，始终保持着一份纯净的优雅，始终保持着能感动人的美好，很大的原因来自她在读书中不断产生的思考。

时光没有沾染董卿清澈的灵魂，反而让她在浮躁的年代里学会了忍耐寂寞，学会了享受孤独，学会了沉淀自己和拥抱成熟。所以，她才能从容地穿过岁月的河流，在身边之人纷纷老去时，依然保持最好的状态。

岁月能够催化出魅力，是因为我们从不恐惧衰老本身，反而充满对前路的期待。

老去这个词，似乎让许多女人恐慌。越是年轻过，越是曾经在青春时感受过美好的人，就越是难以接受这个现状。所以，太多美人难以接受老去的“馈赠”，她们不喜欢白发，不想看到脸上的皱纹，不能接受被人当作长辈照顾，所以她们才一次次步入医学美容的机构，通过各种科学的、非科学的手段，试图留住青春。

然而除了少数的幸运者之外，大多数人以人造手段所创造的“青春”与“美丽”，总是让人看着那样不自然、那样突兀而奇特。她们当然也是美的，也有着与真实年龄不相符的青春，但这样的青春看起来就像是鲜花丛中的一束假花，虽然艳丽多彩、从不被时间流逝所烦扰，但也一样缺乏了真实感、自然感和鲜花的香气与姿态。

与大自然抗争，拼命不肯接受“老去”的事实，只会让你误入这样的歧途中。其实，坦然接受老去，从容地步入到这个过程中，能够直面自己的每个阶段，难道就那么难吗？难道老了，就不能美丽、不能丰富多彩了吗？

董卿就曾在被采访时，说过这样的话：

“生命的意义在于开拓而不是固守，无论什么时候我们都不该失去前行的勇气。”

有价值的生命总是在不断前行，只要我们每一天都力求比之前过得更好，抑或者成就一个更好的自己，那就不必失去面对前路的勇气。恐惧老去，是因为我们在前行时不断回头，永远在追念过去的时光，而真正有勇气的人是不会回头的，他们不会沉浸在回忆过去中，不会因此哀哀戚戚，因为这只会浪费当下。

有勇气的、不断在前行的人，眼睛是一直看向未来的。所以，他们每时每刻都过得很好，并且有自信在将来过得更好。正是有这样的心气，才能活出精彩的人生。

女人何必担忧老去？岁月反而是优雅女人最好的雕刻刀，让她们褪去莽撞青涩的模样，变得越来越美，越来越漂亮。

岁月能够催化出魅力，是因为我们不只用容颜年轻与否来评价一个女人，更愿意看那份无关年龄的气质。

董卿虽然依然优雅，但在不经意之间，你还是能看出她流露出一丝“老去”的样子。也许是眼角遮掩不住的细纹，也许是站在舞台边轻轻咳嗽时的样子，都让你恍然间发现，原来董卿已经在舞台上陪伴了我们许多年，而现在，她也老了。

容颜不再年轻这是无法否定的，更是不需回避的。但你会发现，大多数人对董卿的美的认可，反而越来越深。哪怕现在的董卿不再如同以前一般年轻貌美，但她的整体气质、形象之美反而更加深入人心，几乎让我们忽略了所有她老去的细节，只留下一个优雅有魅力的印象。

这是因为，董卿的美不仅仅源于年轻的皮囊，更是言行、气质、思想的统一。当我们懂得欣赏那些年轻貌美之外更加深层的美时，就拥有了更高级的审美能力，也就不自觉被现在的董卿所吸引了。

像董卿这样的女人有很多，我们既要做这样的女人，便要懂得欣赏这样的美。若是始终抱着肤浅的审美去判定一切，那就只会往肤浅的方向发展，并不能真正拥有优雅的言行举止。只有审美高级的女人，才能找到真正可以在岁月中保持魅力的方法。

时光如刀，但这刀未必催人老，反而可以成为雕石琢玉的刀，让我们逐渐剥落斑驳黯淡的外表，露出温润如玉的内里来。

我身边也有如同董卿一般越来越美的女人，同事菲姐就是我眼中成熟女性美的代表。

第一次见到菲姐的时候，我深感震撼——原来书本上、影视剧里气场强悍的大女人，并不是一种纯粹的杜撰，而是源于生活的纪实。真的有这样的女人，靠气场就可以压人，就像耀眼的太阳一样。而她们的美在这样的气场烘托下，更具独特的光辉。

那时候的菲姐，化着恰到好处的妆容，描绘精致的大红唇与她的气质相辅相成，正是最美的模样。若是气势弱一分，便像是小孩偷偷装扮成大人的样子，伪装成熟；若是气势再强一点，那种严肃和压力便弱化了身为女性的魅力，也显得不够美了。

她的样子，却是刚刚好。

岁月几乎没有在她的脸上留下什么痕迹，这不仅仅是因为她善于保养、酷爱运动，也是因为她永远有很好的心态，从不被困境所困扰，所以很少有发愁的事，自然显得年轻。

菲姐的举手投足里，永远带有一种自信，她懂得展现自己最美的一面，而且欣赏当下的自己，觉得每一刻的自己都比过去更好。哪怕在别人眼中，菲姐的年龄是“尴尬”的，但在她看来，每时每刻的自己都恰到好处。

因为自我欣赏，菲姐从不颓废，更不愿意放弃享受生活、认真生活的机会。我想，大多数人在年纪渐长时总是容易老态尽显，并不是因为短时间内便失去了生机活力，不过是心理影响了生理，内心先放弃了对自己的欣赏，继而失去了好好生活的兴趣和力量，才会逐渐让衰老体现在脸上。

菲姐不同，她享受当下，每天都过得多姿多彩，所以反而越来越滋润、越来越美丽。

“我很享受现在，享受青春逝去后的日子，因为我失去的不只是年轻的时光，还褪去了青涩和不成熟。不管是处理事情的经验，还是那些可贵的生活经历，以及这些年不断学习的结果，都让我变得越来越好。”菲姐曾经这样说。

衰老本身是不可避免的，但岁月流逝不应该成为一个避之不及的话题。哪怕时光可以带走我们的青春，它也坚定地维系着等价交换的原则，给予我们年轻时没有的经验、眼界、修养和能力。若你虚度了日子，便只得到了一副老去的皮囊，但只要珍惜时间，用当下的时光去换取更多的东西来充实自己，便能在跟时间的交易中成为获利的一方。我们就可以用这一腔学识、满腹经纶，用这一身优雅、一身修养，弥补失去的青春，让自己更有魅力。

面对老去，我们应当有勇气和有底气，就如同董卿一般，这个底气，就来源于你在时光中成长了多少、学到了什么。最可怕的，莫过于是时间丢了，你却还在原地，一成不变才是最大的悲剧。当我们在不断前行的时候，时间就抛不下你我，老去就不会变成一种遗憾和痛苦。

若不负时光，时光便不负你，我们终将变成想要的优雅模样。